远见

戴高乐领导力与
大变局时代的启示

徐波 ◎ 著

内容提要

本书以史实为依据，从戴高乐的远见入手，深刻分析戴高乐领导力学的丰富内涵，案例具有代表性。本书既有故事性，又有领导力学理论与实践的内在逻辑关系，从而让读者较容易地理解戴高乐领导力思想对现代企业的启示。

全书共八章，包括远见改变世界、远见的确立、远见的分享、远见与权威确立、远见的影响力营销、远见的执行力、远见的创新思想穿透力、领导者远见能力的培养。

本书可作为商学院教材，也适合各级政府领导干部、企业管理者及高校行政与企业管理、国际政治、外交等专业师生和关注世界领导力比较研究的专业人员阅读。

图书在版编目(CIP)数据

远见：戴高乐领导力与大变局时代的启示 / 徐波著. —北京：北京大学出版社，2021.9

ISBN 978-7-301-32424-0

Ⅰ.①远… Ⅱ.①徐… Ⅲ.①戴高乐(De Gaulle, Charles Andre Joseph Marie 1890—1970)–人物研究 Ⅳ.①K835.657=5

中国版本图书馆CIP数据核字(2021)第171747号

书　　　名	远见：戴高乐领导力与大变局时代的启示 YUANJIAN: DAIGAOLE LINGDAOLI YU DABIANJU SHIDAI DE QISHI
著作责任者	徐　波　著
责任编辑	张云静
标准书号	ISBN 978-7-301-32424-0
出版发行	北京大学出版社
地　　　址	北京市海淀区成府路205号　100871
网　　　址	http://www.pup.cn　　新浪微博：@北京大学出版社
电子信箱	pup7@pup.cn
电　　　话	邮购部 010-62752015　发行部 010-62750672 编辑部 010-62570390
印　刷　者	三河市博文印刷有限公司
经　销　者	新华书店
	880毫米×1230毫米　32开本　7.5印张　166千字 2021年9月第1版　2021年9月第1次印刷
印　　　数	1—4000册
定　　　价	49.00元

未经许可，不得以任何方式复制或抄袭本书之部分或全部内容。
版权所有，侵权必究
举报电话：010-62752024　电子信箱：fd@pup.pku.edu.cn
图书如有印装质量问题，请与出版部联系，电话：010-62756370

序一 | 远见改变世界：戴高乐远见领导力

法国前总理让-皮埃尔·拉法兰

戴高乐将军是一位极富远见的领导者，他非凡的远见能力是其领导力中最突出的特质。事实上，正是戴高乐这种先于所有人看到事物未来发展趋势的能力，使他能够以长远的视角来衡量事物发展的趋势和后果，从而在法兰西民族生死存亡的关键时刻保持冷静，并拥有一种与众不同的大智慧。

"二战"期间，面对纳粹德国对法国的占领，1940年6月18日，戴高乐发出了《告法国人民书》；1958年，面对阿尔及利亚战争引发的法国内乱，他重返政坛，再度拯救法兰西民族的命运，这些都是戴高乐领导力的明证。在人类历史上，一个政治家能在一生中挽救一次国家命运已属罕见，一生中能两次挽救国家命运的更是凤毛麟角。

今天法国的一切在很大程度上都要归功于戴高乐将军。在戴高乐远见卓识的领导下，法国在"二战"后重新获得了政治、经济和文化的大国地位。法兰西这个伟大的民族先是遭受了德国纳粹的占领，然后是美军的占领，最后处在阿尔及利亚战争导致的内乱之中。如果没

戴高乐领导力与大变局时代的启示

有戴高乐这种战略天才,法国在今天世界地缘政治中就有可能降为二流国家,或沦为一个没有话语权的国家。

治理国家,首先是领导者在其所在的时代在政治、思想、社会等各个方面向他人施加影响,而施加这些影响必须靠领导者敏锐的感觉来完成,即一个领导者必须具有勇气、非凡的动员力和民众的支持,要有个人威望、道德权威及其榜样的价值。戴高乐说过,"没有伟人就不能成就伟大的事业"。历史上的伟人,正是由于他们对祖国未来的远见卓识,才使他们最终成为杰出的领导者,成为他们所处时代的巨人。这就是戴高乐将军——一个在法国历史上深受法国人民爱戴的政治家领导力的体现。

1932年,戴高乐在他出版的著作《剑锋》一书中,将这样的领导者形容为随时准备为实现其人生最高目标而牺牲一切的"有性格的人"。在戴高乐看来,领导力是一种天赋才能,是一种存在于人的心灵深处的不可抑制的生命需要。因此,戴高乐领导力的概念中有一种骑士般的侠义精神。而美国人的领导力概念则恰恰相反,他们认为领导力是一种所有人都可以学习的技能,至于以中国人为代表的亚洲人的领导力观念就更加不同了。在亚洲人看来,领导者发挥的是一种关键的战略作用,有时这些领导者甚至更乐于在幕后指挥。

2018年,本人非常荣幸地被中欧国际工商学院和法国戴高乐基金会聘任为"戴高乐全球领导力教席"教授。这个充满荣誉和责任的岗位,使我有机会将戴高乐将军的特殊的领导力与中国企业家和学生们分享,他们都为戴高乐的远见卓识及其特有的"企业家精神"所着迷。

为此，我要感谢我的老朋友徐波，他是"戴高乐全球领导力"这个美好教席的推动者。今天，他撰写的这本关于戴高乐领导力的书能够使我们更好地了解戴高乐非凡的远见能力，这是戴高乐留给我们的宝贵财富，而他高屋建瓴的远见思想也将激励着我们继续踏着将军走过的道路前进。

在这个备受新冠肺炎疫情折磨的世界中，我们正面临着世界各地出现的极端主义和持续不断的各种变化，而这些变化甚至是由于暴力造成的。因此，学会长远思考就变得更加重要。可以说，目前世界上国与国、企业与企业或机构与机构之间的竞争也是一种领导力的竞争。中欧国际工商学院有责任通过传播戴高乐将军独特的领导力学来教育和武装未来企业的领导者们。

在此，我除了向徐波再次表示祝贺外，还希望这部有关戴高乐领导力学的教科书般的著作能够帮助中国的企业家、公务员、各种管理人员和广大学生更好地学会如何与他们的团队成员们分享领导者的愿景。

我还想特别指出的是，作为富有远见的领导者，戴高乐将军早在20世纪60年代就在西方国家中率先承认中华人民共和国，并预言了中华民族在21世纪的崛起。

序二 | 继承和发扬开拓者的远见与智慧

中欧国际工商学院副院长兼教务长 丁远

当今世界仍处于跌宕起伏的大变局之中，2020年伊始的全球疫情给全人类提出了众多且急迫的全球治理议题。在世界局势巨变的激流冲击下，如何跨越新老鸿沟，超越过往认知，总结经验与启示，是我们这一代学者普遍面临的新挑战。

回望历史，如果没有在战争废墟上建立起来的联合国，没有多边主义的实践，就不可能有全球化带来的世界范围内的经济大腾飞。上一代开拓者们发挥他们的远见和智慧，选择了理性对话，以包容之道来维护自身和世界和平与发展的目标，不仅为我们留下了宝贵的政治、经济遗产，他们的领导力也值得一再总结和提炼，从而使我们不断从中获得新的启示。而戴高乐无疑是最杰出的开拓者和领导者之一，戴高乐所倡导的"国家独立"及"国与国之间保持对话"的思想，至今仍深刻影响着法国甚至欧盟的对外关系和世界格局。

欧盟与中国的关系源远流长，也是戴高乐在1964年突破重围，使法国成为第一个与中国正式建交的西方国家所奠定的基础。20世纪80

年代，中国实行改革开放，经济高速发展，GDP增长率高达10%，然而在企业工商管理方面却几乎是一片空白，中欧国际工商学院在这样的背景下应运而生。先进的管理经验和知识，得以通过中欧国际工商学院这一平台引进中国，培养了一大批为中国社会经济发展做出贡献的高级管理人才。这所年轻的学院在建立不到30年就获得了世界第二、亚洲第一的排名，这离不开欧洲各大商学院的优秀师资力量的支持，更是由于中欧双方领导人的远见卓识，为中国的管理教育开辟了一方沃土。

中欧国际工商学院与法国戴高乐基金会的合作始于法国总统马克龙2018年1月访问中国之际。在我与法国戴高乐基金会主席雅克·高德弗兰（Jacques Godfrain）先生会面并洽谈合作意向之后，高德弗兰先生在2018年1月10日亲自来到中欧国际工商学院，签署了"戴高乐全球领导力教席"备忘录，并宣布让-皮埃尔·拉法兰（Jean-Pierre Raffarin）先生出任该教席教授。这项合作不仅以戴高乐及其精神遗产为基础展开研究，更多的是双方各展所长，以培养更多的国际化商业领袖为己任，为促进世界和平与发展贡献力量。

三年后，徐波博士的书如期付梓，他从戴高乐的领导力和远见出发，为我们提供了继承开拓者的远见和智慧的理论框架。在目前错综复杂的世界局势之下，这样的框架无疑有助于我们厘清贯穿始终并带有全局性的变局要素，以站在巨人的肩膀上看得更远。此外，中欧国际工商学院在领导力知识创造和传授方面，大多聚焦在起源于美国的领导者素质评估和领导力模型，以及中国传统文化中的领导力挖掘上，而徐波博士此书则是针对欧洲领导者的指挥艺术、洞察力和人格魅力的梳理和归纳，大大充实了学院的领导力知识库。

无论世界局势如何变化，和平与发展始终是时代的主题。正如拉法兰教授所指出的，"继承戴高乐领导力的精髓就是我们对地球命运的共同关切，它使我们建立起一种博爱，这就是《巴黎协定》的核心，只有我们对世界有了共同的愿景，全球治理才能取得进步"。中欧国际工商学院始于这一愿景，"戴高乐全球领导力教席"脱胎于这一愿景，我们期待未来在这一愿景之上，建立更多的交流与合作，收获更多的研究成果与创新思想。

推荐语

戴高乐将军是一位极富远见的领导者，他非凡的远见能力是其领导力中最突出的特质。实际上，正是戴高乐这种先于所有人看到事物未来发展趋势的能力，使他能够以长远的视角来衡量事物发展的趋势和后果，从而在法兰西民族生死存亡的关键时刻保持冷静，并拥有一种与众不同的大智慧。

我要感谢我的老朋友徐波，他的这本戴高乐领导力的书籍使我们从戴高乐博大精深的领导力思想中更好地了解到他非凡的远见卓识，这是戴高乐领导力学留给我们的宝贵财富。

希望这部有关戴高乐领导力的教科书般的著作能够帮助中国的企业家、公务员、各种管理干部和广大学生更好地学会如何与他们的团队成员们分享领导者的愿景。

——法国前总理、中欧国际工商学院戴高乐全球领导力教席教授

让－皮埃尔·拉法兰

徐波博士的书如期付梓，他从戴高乐的领导力和远见出发，为我们提供了继承开拓者的远见和智慧的理论框架。在目前错综复杂的世界局势之下，这样的框架无疑有助于我们厘清贯穿始终并带有全局性的变局要素，以站在巨人的肩膀上看得更远。

——中欧国际工商学院副院长兼欧方教务长 丁远

戴高乐将军是法国伟大的政治家、战略家、军事家，是20世纪的世界巨人，他高瞻远瞩，料事如神，总是在法兰西民族最困难的时刻看到希望之光，他的这种非凡的远见也是企业家精神中最宝贵、最稀缺的财富。读徐波老师此书，可以让中国企业家在当下百年未遇的变局中找到一种破局的启示和定力。

——万科集团创始人 王石

如果说超凡的远见和领导力是戴高乐将军之所以伟大的重要特征的话，那么他的这种远见和领导力到底从何而来？对今天的政治家、军事家乃至企业家会有哪些重要的启发和借鉴意义？我们不妨再进一步假设一下：在当今人类百年未有之大变局的时代背景中，如果戴高乐将军依然健在，作为西方大国领导人，他又会如何驾驭复杂的国内、国际关系，让东西方世界更和谐、互信，让21世纪的人类文明和地球生态更健康、美好，可持续发展？

我谨向广大企业家朋友推荐徐波兄此书，希望在大变局时代中国企业家群体能从戴高乐远见卓识的领导力中吸取力量，在国际化征程中接受新的考验。

——正和岛创始人兼首席架构师、中国企业家俱乐部创始人　刘东华

远见与领导者这两个概念的共存关系几乎是与生俱来、毋庸置疑的。很难想象一个真正的领导者乃至领袖人物，会因为缺乏远见而被人们牢记。但作为一位富有远见的领导者，自身还需要具备哪些品质和特质，则众说纷纭。无疑，《远见：戴高乐领导力与大变局时代的启示》一书，通过描述戴高乐将军一生中重要的展现领导力的时刻，用平实易懂的语言展现了一位富有远见的伟大领袖具备的人格特质，以及根据受众特点出发的问题解决方式和机制。

同时，本书每章结尾处的讨论和案例，也是该书的一大特点：允许读者跳出历史和外国人物的限制，将章节的主要内容与当下中国变革时代的人物和事件进行串联，从而将读者的视线拉回到当下中国的大变革时期。以史为镜，可以知兴替，可以明得失。

——财新传媒社长、财新网创办人　胡舒立

徐波博士的《远见：戴高乐领导力与大变局时代的启示》（以下简称《远见》）一书详细描述了戴高乐将军的远见领导力及战略洞察力对法国乃至世界发展进程的影响。从第二次世界大战法国抗击德

国法西斯的运动、20世纪50年代对法国殖民地阿尔及利亚的开明政策,到1964年法中建交及法国战后选择的独立自主的政治、经济及外交政策,戴高乐将军独特的领导力理念和实践特别值得我们今天学习和借鉴。

我认为戴高乐将军的远见领导力可以从领导力的三个维度展现出来。

维度一,思想的力量(power of ideas)。戴高乐的远见首先体现在他对于世界发展趋势和潮流的把握。在重要的历史阶段,戴高乐将军总是有明确的战略目标,能够对局势做出及时、准确的洞察和判断。要做到这点,领导者必须有清晰的价值观、宇宙观和世界观。价值观的本质就是选择的排序。半个世纪之前,对待德国入侵法国,法国贝当元帅选择成立亲纳粹的"维希"法国,而戴高乐却在海外组成"自由法国",在英国首相丘吉尔的支持下与德国法西斯死扛。这从本质上反映出他们世界观的差异。1964年法国选择与中国建交,与西方主要国家采取了截然不同的外交政策,这也反映了戴高乐的宇宙观和世界格局。

维度二,专业的力量(power of competence)。如果说戴高乐将军的视野和格局超人一筹,他在领导力上也展现出极强的专业精神——外交执行力、军事判断力、逻辑思考力、有效沟通力、坚韧谈判力、持续学习力、讲演震撼力——给世人留下了深刻的印象。他的专业领导力影响了几代人,创造了历史,也改变了历史。戴高乐将军的实践与我们今天看到的政坛和商界一些好说大话、蛊惑人心的政客和商人不同,他不仅能够海阔天空地进行战略思考,更能为了国家和民族的利益脚踏实地去落实并履行每一项战略决策,给全球政治家、企业家、教育工作者及职业经理人树立了典范。

维度三,品格的力量(power of character)。《远见》一书给我印象最深的是戴高乐将军体现出的卓越的人格特质。最为突出的特质涉及独立人格、自由思想、坚定信念、性格魅力、不断学习、坚守信念、身体力行、永不败退。人格包括性格和品格。性格和血缘与自身的家庭有关系,品格却与后天学习、实践、知识积累强相关。戴高乐父亲有三个博士学位,母亲也有很好的人文修养。家庭的熏陶对戴高乐将军的综合素质、爱国精神及独特的性格产生了巨大影响。戴高乐将军在教会学校和军校接受了严格的学习和训练,养成了自律和自控的习惯。他喜欢体育,酷爱文学,每周阅读三本书,具有极高的人文修养。

2020年以来,国内外政治、经济和社会环境极为严峻。百年不遇的新冠肺炎疫情不仅导致上百万人丧失了生命,而且严重阻碍了各国的经济发展和社会稳定。中美关系不断恶化;阿富汗美军撤军导致地区政治真空;欧洲、北美、南美及非洲多个国家和地区政局动荡,社会贫富差距拉大;水灾、飓风、台风、酷热等自然灾害频频发生,让世人彷徨、纠结、困惑。今天的世界最缺的是政治家和企业家的远见、视野及战略洞察力。

徐波博士《远见》一书的出版恰逢其时，让我们有机会学习戴高乐将军的卓越领导力，从戴高乐将军的行为举止中吸取营养，从而为今天世界和平得以持续，生存环境更为美好，人类文明更上一层楼而做出自己的努力。

——北京大学国家发展研究院管理学教授、BiMBA商学院前联席院长　杨壮

前言 | 我们为什么要学习戴高乐的领导力？

2020年11月9日是法兰西民族不屈的反法西斯战士，伟大的政治家、军事家、战略家戴高乐将军逝世50周年纪念日。

戴高乐从小立志报国，其命运与20世纪上中叶法兰西民族的命运紧紧连在一起，两者相辅相成。在1940年德国法西斯入侵法国和1958年法国陷入阿尔及利亚内战之际，戴高乐都挺身而出，凭借非凡的胆魄、激情、谋略，以及卓越的领导能力，两次成功拯救了法国，从而证明了戴高乐领导力的丰富内涵和强大的生命力。

戴高乐的一生跌宕起伏，他是与丘吉尔、罗斯福齐名的世界反法西斯领袖，也是20世纪为数不多的世界级伟人，他谱写了与法兰西民族命运休戚与共的人生，也成就了超凡的戴高乐领导力学，从而让我们在今天收获了一部涵盖法兰西文化的领导力学的百科全书。

法国人民受启蒙思想家卢梭"主权在民"思想的熏陶，对政治人物的作用和地位评价不一，批评、挖苦者大有人在，但50年过去了，戴高乐在法国依然享有国父般的崇高地位。各种民调显示，即使在今天，戴高乐依然是法国历史上公认的最重要的领袖人物,其对法兰西民族的作用远远超出拿破仑、路易十四等君主。

戴高乐说过,"法兰西不伟大就不是法兰西";他也曾说过,"伟大的事业离不开伟大的人物,而伟人之所以成为伟人,是其矢志以求的结果"。

回顾戴高乐叱咤风云的一生,在他为法兰西民族做出巨大贡献的背后,我们总能看到一条思想红线贯穿在他的行动之中,那就是戴高乐非凡的远见能力!

由于这种远见能力,戴高乐往往在绝大多数人还没有意识到问题之时,就以"风起于青萍之末"看到事物未来的发展方向,并做出正确决定,因而,无论是面对纳粹德国入侵,还是阿尔及利亚内战,他总能从动荡的局势中看到事物发展的规律,并以此指导行动,给人以料事如神的感觉。

2018年6月,本人有幸参与推动了中欧国际工商学院与法国戴高乐基金会联合创建的"戴高乐全球领导力教席",并聘请法国前总理拉法兰担任教席教授。

作为受过法国商学院教育的著名政治家,拉法兰总理将戴高乐领导力与企业商业生活有机结合,其深入浅出的案例教学深受中欧国际工商学院师生的欢迎。

为配合"戴高乐全球领导力教席",或者说在更广泛的意义上为中国商学院领导力教育引入戴高乐的领导力思想,本人在拉法兰教授、中欧国际工商学院副院长兼教务长丁远教授、法国戴高乐基金会前主席高德弗兰、现任主席盖马尔及戴高乐基金会研究部主任傅加西教授的鼓励下,对戴高乐领导力作了系统梳理,并十分荣幸能在今天将研究成果与各位读者朋友分享。

在此,我首先要感谢拉法兰教授这三年来对教席所做出的贡献,感谢他为本书作序,我相信拉法兰教授从法国企业和政府总理的双重视角为我们分析戴高乐领导力的特点、思想内涵、历史作用,对我们每个人提升领导力修养具有重要的指导意义。

我也要特别感谢中欧国际工商学院副院长兼教务长丁远教授,是丁教授和学院其他历任领导对我的信任使我有机会参与中欧和中法管理学教育交流事务,从而拓展了我的人生平台。短短二十余年,学院从青涩无名发展至全球 EMBA 排名第二、MBA 排名第五,作为学院的一员,我为此感到自豪。这也从另一个侧面彰显了学院中欧双方教育者的杰出领导力。

在本书的写作上,我特意在每章结束时增加一些中外企业家的成功案例,以便读者朋友更好地理解戴高乐远见及领导力思想的普遍意义及其强大的生命力。相信戴高乐远见改变世界的领导力实践,既对当下所面临的"百年未有之大变局"有着宝贵的破局启示,也在不确定的时代对我们每个人做好事情有教科书般的意义。

如同拉法兰教授所言,戴高乐谱写了一部法兰西英雄主义领导力的传奇故事,将个人命运与国家命运相结合,并运用其远见卓识,在超越历史和自我的人生旅程中工匠般地创造出法兰西民族的复兴,这也激励着今天为中华民族伟大复兴而努力奋斗的我们。

感谢万科集团创始人王石，感谢财新传媒社长、财新网创办人胡舒立，感谢正和岛创始人兼首席架构师、中国企业家俱乐部创始人刘东华和北京大学国家发展研究院管理学教授、BiMBA商学院前联席院长杨壮等诸位社会贤达画龙点睛，为拙作撰写推荐语。

感谢北京大学出版社张涛副社长、魏雪萍老师、张云静老师所付出的辛勤劳动，能在北京大学出版社出版拙作，本人备感荣幸。感谢老朋友孟恭明的帮助，感谢艺术家李小超为本书专门绘制的精美插画，为本书增色增趣。

希望本书能为中国社会各界的领导者们提供一些帮助，希望企业家和各级管理干部朋友们能够从戴高乐的远见领导力学中得到一些启示，从而在"百年未有之大变局"的今天正确应对各种变化，做好我们的本职工作。

徐波

于巴黎

目 录

▶ 导　论　戴高乐杰出的远见能力　// 1

▶ 第一章　远见改变世界　// 12

　　第一节　拯救法兰西　// 15
　　第二节　再次拯救法兰西　// 21
　　第三节　预见中华民族的崛起　// 26
　　第四节　预见英国"脱欧"　// 32
　　案例　雷军的远见　// 38

▶ 第二章　远见的确立　// 44

　　第一节　远见的确立　// 45
　　第二节　远见的考验　// 47
　　第三节　远见的坚守　// 53
　　案例　任正非的远见坚守　// 58

▶ 第三章　远见的分享　// 65

　　第一节　通过演讲分享远见　// 67
　　第二节　通过荣誉激励分享远见　// 73
　　第三节　通过人格魅力分享远见　// 77
　　案例　任正非的远见分享　// 82

▶ 第四章　远见与权威确立　// 86

　　第一节　距离感与权威的确立　// 87
　　第二节　权威确立中的榜样作用　// 90
　　第三节　权威确立中的道德力量　// 94

案例　欧莱雅，企业社会责任的权威形象　// 99

▶ **第五章　远见的影响力营销　// 104**

第一节　影响力的组织使命标识化表达　// 106
第二节　影响力营销中的媒体关系　// 108
第三节　影响力营销的其他方式　// 113
第四节　影响力营销中的象征意义　// 117
案例　马云的影响力营销　// 123

▶ **第六章　远见的执行力　// 131**

第一节　"自由法国"时期戴高乐的军事执行力　// 132
第二节　"自由法国"时期戴高乐的外交执行力　// 135
第三节　战后重建时期戴高乐的管理执行力　// 148
案例　马斯克的执行力　// 153

▶ **第七章　远见的创新思想穿透力　// 163**

第一节　远见驱动军事战略创新　// 166
第二节　远见驱动政治制度创新　// 171
第三节　远见驱动大国外交创新　// 175
案例　乔布斯的创新思想　// 182

▶ **第八章　领导者远见能力的培养　// 189**

第一节　教育的重要作用　// 190
第二节　人文修养　// 196
第三节　强大的学习能力　// 201
第四节　选择正确的时间、正确的地点与正确的人　// 209
案例　张瑞敏远见能力的培养　// 212

▶ **参考文献　// 217**

▶ **后记　// 219**

导 论

戴高乐
杰出的远见能力

领导力，通常指一个人或一个组织带领他人、团队或整个组织实现既定目标的能力。

在欧洲，最初提到的政治学意义上的领导力可上溯到古希腊哲学家色诺芬[①]。他在其《居鲁士的教育》(Cyropaedia)一书中首先提到了君主的统治术，即领导力。后来，在意大利文艺复兴时期，著名的哲学家、政治家和外交家马基维利亚[②]第一次系统地将领导力看作是一种谋略和统治手段，并在其《君主论》(Prince)一书中提出了现实主义的政治理论，其中包括"政治无道德"的权术思想，即世人所知的"只要目的正当，可以不择手段"(The ends justify the means)的理论。

在我国，最早提出领导力概念的是春秋时期的军事家、政治家孙武，在其《孙子兵法》一书中，孙武就将领导力概括为"为将者，智信仁勇严"。区区八个字，前面三个字是对领导者的定位，后五个字智、信、仁、勇、严是对领导力内涵的描述。

在今天的学术界，领导力主要指管理学意义上的对人的组织行为学的研究，由于这种研究侧重于人与人的沟通与相处，领导力又往往成为社会学、管理学、心理学和政治学的一个研究领域。然而，由于领导力学的内涵博大精深，也有人将其视作一门艺术。但不管怎

[①] 色诺芬（Xenophon，前430—前354），苏格拉底门徒，以记述希腊历史和苏格拉底语录著称。
[②] 马基维利亚（Niccolò di Machiavelli，1463—1527），意大利著名政治家、思想家，西方政治学之父。

样,人们普遍认为领导力与哲学、政治学、经济学等所有人文学科一样,是一门有助于人类社会找到最优化的人力资源调动与管理手段的学问。

在管理学教育领域,领导力教育已是培养现代企业家的一门重要课程,人们通过一系列系统的科学研究、案例分析和技能培训等,为组织、企业、团体,乃至各级政府培养优秀的领导者。

在我们今天所处的世界中,以数字技术革命为标志的人类第四次工业革命一路高歌猛进,人类社会从生产、消费到生活方式正在经历着前所未有的深刻变化,这种变化加剧了企业与企业之间、国家与国家之间的竞争。

面对新一轮工业革命及其所产生的新的工业文明,人们在普遍享受创新红利的同时,也因这种颠覆性变革而坐卧不安:为什么生活中不确定的因素越来越多了?

在这个扁平化、去中心化的世界中,人们从来没有像今天这样感到寂寞、无助,甚至惊恐!在这个被欧美学者称为乌卡(VUCA)[①]的时代里,人们比任何时期都渴望能够预见未来、预见变化,人类也从未像今天这样渴望得到一位强大的领导者的指点,以给他们带来安全感,并引领他们走向正确的方向。

据世界卫生组织披露,截至 2021 年 8 月 15 日,发生在 2020 年的席卷全球的新冠肺炎疫情,已经使全世界 2.07 亿人被感染,436 万人失去了宝贵的生命,欧美主要经济体更是由此陷入"二战"以来最严

---

① VUCA 是四个英语单词的首字母缩写,即 Volatillity(易变性), Uncertainty(不确定性), Complexity(复杂性), Ambiguity(模糊性)。

重的经济衰退，全世界从来没有像今天这样感觉如此无助。疫情治理不善所造成的政府失信、社会撕裂又反过来加重了人们这种普遍的挫败感，发生在2020年11月美国总统大选中的种种怪象及后来国会山的袭击事件就是其中一个缩影。

恐惧、焦虑、不信任，甚至仇恨，不仅导致近年来极端主义势力在美国和世界其他国家迅速抬头，也使这些国家的社会分裂进一步加剧，相关国家领导人在疫情中应对策略的失误，凸显了他们领导能力的匮乏。

在一定意义上，各国对疫情的治理，是国与国之间领导能力的生动比较，是一场国家领导能力的大赛。

无论是科技创新带来的颠覆性技术进步，还是新冠肺炎疫情从公共卫生领域反映出的对国家治理能力的严峻考验，抑或后疫情时代中美两国新的经济力量对比所催化的新一轮世界地缘政治的深刻变化，"百年未有之大变局"已从假设变为现实。

而现阶段，各种"黑天鹅""灰犀牛"等突发事件接踵而来，已明确告诉人们，不管你是否认可，或是否愿意，大变局的时代已经到来。

无疑，面对这种惊心动魄和史无前例的变化，领导力将成为企业领导者最稀缺的资源和企业的核心竞争力。

换言之，在全球化的今天，企业竞争的本质，实际上就是企业领导者之间领导力的竞争。

著名管理大师彼得·德鲁克说过，"领导力是将一个人的视野抬高，将一个人的成绩提高到更高的标准，并使其人格超越正常局限的一种能力"。

世界领导力大师沃伦·本尼斯也说过,"领导力是一种将愿景变为现实的能力"。另一位领导力专家诺斯教授同样认为,"领导力是一个过程,在这个过程中,一个人通过影响一个群体以实现一个共同的目标。"

在世界领导力学的知识宝藏中,戴高乐将军的领导力别具一格,其理论之翔实、思想之深刻、行动之感人、影响之深远在世界领导力文化的百花园中无疑是一朵让人赏心悦目的瑰丽鲜花,其料事如神的远见能力也是其领导力思想内涵中给人印象最深刻、最鼓舞人心、最能帮助我们对"百年未有之大变局"予以破局启示的一种智慧和力量。

我们看到,与今天大变局时代一样,无论是抵抗纳粹侵略,还是战后法兰西的复兴和重建,戴高乐面临的大变局与大挑战同样是史无前例的,他能预见未来宏图并不意味着他那个时代的同胞们也能预见,并像他那样能够奋不顾身地付诸实践。因此,正是因为有了远见,戴高乐无一兵一卒,却能在法兰西民族至暗时刻力挽狂澜。

我们可以非常肯定地说,如果没有戴高乐,战后法国的国际地位可能会略好于德国,与意大利相差无几,更不要说成为联合国安全理事会五大常任理事国之一,成为在国际上呼风唤雨,敢于与美苏两个超级大国抗衡的世界大国。

同样,如果不是戴高乐的远见,在经济上,法国也不可能在战后短短的十多年里,从一个一度沦陷在纳粹铁蹄之下人心涣散、政治瘫痪、经济崩溃的二流国家成为一个工业体系完备、国力强盛、经济繁荣的现代工业化国家。

远见 戴高乐领导力与大变局时代的启示

戴高乐将军（1890年11月22日至1970年11月9日）

李小超 绘

应该说，今天的法国拥有享誉世界的原子能、航空航天，生物技术、现代农业、城市化、高速公路网、通信设备等领域的成就，群星灿烂的电影文学，以及法国人引以骄傲的战后"30年经济景气"，都是与戴高乐的远见和领导力息息相关的。

因此，对于以上这些发生在20世纪中下叶法兰西历史中的重大事件，与其说是法兰西奇迹，倒不如说是戴高乐在其远见的指引下领导法国人民克服困难，实现民族复兴的奇迹，是戴高乐从历史长河中考察事物发展规律，洞察变化趋势，在高屋建瓴的历史观下对瞬间变化的历史机遇勇敢决断的奇迹。

在我们面临地缘政治的变化，以及数字化、网络化等高科技手段迅猛发展所造成的不确定性和思维定式化、短期化、即时化的严峻挑战的今天，学习戴高乐以远见为思想内涵的领导力学，就是要对纷繁复杂的形势下各种经济和社会生活的组织方式保持定力，培养一种长期思维的习惯，并学会从这种特定历史条件下的长期思维中找到事物内部的发展规律，从而看见光明的未来。

早在1932年，刚过不惑之年的戴高乐少校在其著作《剑锋》中就已经提到"不确定性"的问题。戴高乐在书中写道，"不确定是我们这个时代的特征。那些有关常规、预言和理论失败的例子比比皆是。那些考验、损失和挫折在我们面前接二连三地发生。那些摩擦、冲击和意外事件让我们应接不暇。所有这一切均使现在的秩序被打破"。[①]

戴高乐在此所论述到的"不确定性"，与我们今天所谈的"大变局"并没有多大差异，他所说的"摩擦、冲击和意外事件让我们应接不暇"，

---

① Charles de Gaulle. Le fil de l'épée [M]. Paris:Edition Perrin, 2015.

与我们今天所讲的"黑天鹅""灰犀牛"也并无本质上的差别。

在戴高乐看来,应对这种"不确定性"的最好办法就是加强对工作的规划。这里的规划就是某种程度上的远见。

戴高乐强调,领导者拥有远见,通过提前制定规划,就可以得到各种启示,从而降低犯错误的可能性。

戴高乐认为,解决不确定性需要远见,而远见源于本能和灵感,这两者相加会使人与自然撞击出火花,从而带来创造力。他甚至引经据典,把被亚历山大大帝叫作"希望",凯撒称为"运气",拿破仑视作"星座"的本能因素引入领导力考察对象,并把具有高瞻远瞩能力的领导者称为"有性格的人",认为没有这样"有性格的人","人类历史上的任何一项伟大的事业就不可能实现"。

在《剑锋》出版8年后的1940年,历史将戴高乐推到风口浪尖。他只身一人来到伦敦,率领法国人民进行艰苦卓绝的反法西斯抵抗运动,其扮演的角色正是其书中所描述的"有性格的人",并根据他书中提出的远见、智慧、本能、担当、激情、威望、魅力、谋略等,身体力行地证明了他8年前书中所阐述的所有领导力的定义、内涵和作用的正确性。

美国总统尼克松,这位戴高乐的拥趸,《剑锋》一书的忠实读者,在评价戴高乐时曾说,"戴高乐是一位令人倾倒的人物,这不仅由于他在历史上的重要地位,而且还由于他在有关领袖人物所需具备的条件和技能方面向我们提供了非凡的见解。很少有人像他那样把领袖人物所需具备的条件和技能分析得如此令人信服,或像他那样写得如此富有洞察力"。[1]

---

[1] Charles de Gaulle. Le fil de l'épée [M]. Paris:Edition Perrin, 2015.

导　论　戴高乐杰出的远见能力

1969年2月28日至3月2日，尼克松总统访问法国时与戴高乐热情交谈

李小超　绘

　　尼克松说，"很少有人（像戴高乐那样）把他们自己（领导力）的方法留在这样明晰的图纸上，然而，也很少有人像他那样依然笼罩着一层如此神秘的烟幕，这种烟幕是他精心制造的，老是环绕在他的周围，即使当他在说明自己如何这样做的时候。他也是幻想的大师。而且，像一个老练的幻想家那样，他是表现自己品质的魔术师。表面上看来他在做不可能做到的事情，而他却往往做到了"。①

　　1969年，当尼克松作为美国总统访问法国时，戴高乐告诉他，"我是为后天的报纸制定政策的"。

　　尼克松听罢感慨良多。他认为，世界各国政治领袖们大多忙于应

---

①　夏尔·戴高乐. 战争回忆录[M]. 陈焕章，译. 北京：中国人民大学出版社，2015.

付当天的新闻，而戴高乐却不为当下忙碌，而是运筹于未来，实属难得。尼克松感慨道，正是戴高乐的这种"为后天的报纸制定政策"的远见能力，使他成为世界级的领袖。

无疑，在面临百年大变局的世界里，戴高乐高瞻远瞩的预见能力也是今天中国企业家守住内心定力，顺应时代发展，趋利避害的难得的工具和武器。

回顾改革开放以来中国企业的成长过程，我们不难发现，中国的一些优秀企业家领导者就是这样在时局艰难、条件艰苦时坚持他们的远见，在困难面前看到美好明天的。例如，1994 年，华为刚刚在创业的道路上艰难挣扎进入第七个年头，在华为"要钱没钱，要技术没技术，要人没人"的时候，创始人任正非却定下了十年之后在世界通信行业中占据三分之一天下的雄伟目标。

当任总手捧大茶缸对员工们发出如此"豪言壮语"时，就如同当年戴高乐在法国沦陷不到两周时对记者舒曼说法国不久就会赢得战争胜利一样，华为的员工也对此感到匪夷所思。然而，华为在任总的领导下，在美好愿景的驱使下，硬是凭着坚韧不拔的努力，在创业不到 30 年就成为世界最大的通信设备制造商和全球最大的 5G 设备制造商。

类似这样的例子在当今的企业中比比皆是。如果不是创始人乔布斯的远见与执着，苹果公司不可能成为当今世界最伟大的公司之一；如果没有脸书的扎克伯格、亚马逊的贝索斯、优步的卡兰尼克和爱彼迎的切斯基等这些伟大企业家的远见，就不可能在很久以前预见当今世界的生活方式及商业服务模式；硅谷钢铁侠马斯克也不可能将火箭发射这样的国家项目商业化并获得巨大成功，甚至在不久的将来要组织人类进行太空旅行。

如同戴高乐看到当年法兰西战胜纳粹德国的胜利曙光一样,以任正非、乔布斯、马斯克等为代表的企业家们,他们的远见卓识不仅让他们看到了困难背后的美好明天,而且重新定义了他们所在的行业,甚至整个产业,并在相当程度上改变了今天我们每个人的生活方式。

在这个充满变化和不确定的新时代,戴高乐的远见领导力思想给我们的是对"百年未有之大变局"的一种破局启示,它告诉我们如何用远见拥抱变化的时代,并在"乌卡时代"中看到未来的美好,从而将这种大变局转化为中国企业家和我们每个人的"百年未有之大机遇"。

· 拯救法兰西
· 再次拯救法兰西
· 预见中华民族的崛起
· 预见英国"脱欧"

第一章

远见
改变世界

第一章 远见改变世界

远见，指的是人对事物发展趋势的洞察力。爱尔兰作家斯威夫特[①]认为，"远见是一种能看到别人看不到的东西的艺术"。法国现代经营管理学之父，管理过程学派开山鼻祖法约尔[②]认为，"远见，它既在计算未来的到来，也在为未来的到来做准备。远见就是现在就已经采取行动"。

在中国文化中，远见历来被视作领导力中的一种稀缺资源，如《韩非子·孤愤》"智术之士，必远见而明察"体现的是一种智慧；明朝小说《警世通言·赵太祖千里送京娘》"要知古今往来理，须问高明远见人"体现一种料事如神的能力；战国宋玉《风赋》"夫风生于地，起于青萍之末"体现一种细腻的洞察力，强调从微细不易察觉之处发现大思潮、大变化的源头；东汉王充《论衡·别通篇》"夫闭户塞意，不高瞻览者，死人之徒也哉"体现的是一种格局观，要从纷繁复杂的事物中跳出来，看到更广阔的未来，是一种"一览众山小"的气势。

在今天，面临剧烈的竞争以及风云突变的国际政治、经济和市场形势，如何穿透让人目不暇接的各种信息，透过现象看到本质，把握事情的发展规律，无疑是各级领导者面临的最严重的挑战。

[①] 乔纳森·斯威夫特（Jonathan Swift，1667-1745），爱尔兰著名作家，著有《格列佛游记》等举世闻名的作品。
[②] 亨利·法约尔（Henri Fayol，1841-1925），法国工程师，古典管理理论的创立者，其理论也被后人称法约尔主义。

英国首相温斯顿·丘吉尔曾不无感慨地说过,"由于缺乏远见和不愿采取主动行为,致使那些本来简单和有效的行动,因缺乏清晰的思想,直至紧急情况到来之前总是充满各种混乱不清的意见,直到敲响震耳欲聋的自我保护的锣——这些都是历史上重复无休止发生的事情的共同特征"。

戴高乐将军认为,任何事物的发展必有其内在规律,人们需要在时间的长河中观察事物的发展,摸索其规律,而非在瞬间的变化中就能找到这种答案。因此,找到这种答案必将是艰难的,但也是必需的,这是对领导者智慧、洞察力、格局等领导力的考验。

戴高乐在其论述领导力学的著作《剑锋》一书中写道,"精神信仰和热情的同情心只属于那些真正的领导者,他们全身投入在行动中,并将行动视作他们个人的使命,将他们所有的一切都投入战火中予以考验。这些人物使他们的追随者产生了信心,在他们身上感到一种磁铁般的吸引力。对追随者而言,这些人物体现了奋斗的目标,承载着一种希望……对领导者而言,其描述的宏伟蓝图里还需要有一种承载蓝图的伟大目标"。[1]

戴高乐这里所说的目标,是一种愿景,更是一种远见能力,而领导者不仅能看到这样的远大目标,还要将此描绘成一种宏伟蓝图,并向其追随者分享,从而动员和激励他们心甘情愿地与领导者共同献身于一项事业。

---

[1] Charles de Gaulle. Le fil de l'épée [M]. Paris:Edition Perrin, 2015.

第一节　拯救法兰西

1933 年，主张复仇和废除凡尔赛体系的希特勒成为德国总理。随后，希特勒又废止魏玛共和国，将德国改称为"纳粹德国"或"德意志第三帝国"，并解散了国会，取缔了一切政党，最终成立了集纳粹党和纳粹德国为一体的独裁政体。

1936 年 1 月，希特勒命令德军进驻莱茵河沿岸非军事区，《凡尔赛和约》被废除。

1938 年 9 月 29 日至 30 日，英、法在慕尼黑与德国签订同意德国占领捷克斯洛伐克苏台德区的《慕尼黑协定》。

1939 年 9 月 1 日，德军侵占波兰。9 月 3 日，法国被迫与英国一起向德国宣战，第二次世界大战全面爆发。

1940 年 5 月 10 日凌晨，在飞机的掩护下，在从北海到马其诺防线之间的 300 多公里的战线上，德军装甲部队向荷兰、比利时和卢森堡发起了全面进攻。

12 日，德军占领法国要塞城市色当。

13 日，德军占据马斯河。

14 日，英法空军与德国空军在马斯河上空爆发激烈空战，英法数百架飞机被击落，占英军在法国领土参战飞机的 60%。

26 日，英军开始从敦刻尔克撤退（从这一天到 6 月 4 日的 9 天内，英军 32.4 万人和法军 8.5 万人从法国撤离到了英国。好莱坞著名导演克里斯托弗·诺兰曾将此历史情景搬上银幕，在电影《敦刻尔克》中再现了当年战争的残酷）。

6月1日，戴高乐因其英雄抗战的胆魄和杰出表现被擢为临时准将。

6日，主战派政治家、部长会议主席（总理）保罗·雷诺①任命戴高乐为国防和战争事务部副国务秘书，专门负责协调与英军的行动，以继续作战。

入阁后，戴高乐深感法国面临德军的战火可能会出现沦陷的危险，多次向总理雷诺表示，法国虽然在地面战场上败给了德国，但法国还有北非大量的驻军，还有丝毫无损的强大海军和广阔的海外殖民地，法国政府完全可以据此与纳粹德国进行一场长期的抵抗斗争。

8日，德军抵达塞纳河畔。

10日，法国政府撤出巴黎，迁往图尔。

13日，巴黎被宣布为不设防城市。

14日，法国政府再迁往波尔多，同日，德军排队行进在巴黎香榭丽舍大街。

17日，贝当政府宣布向纳粹德国投降。

同日上午，戴高乐乘坐丘吉尔提供的专机离开波尔多机场飞抵伦敦。

18日，戴高乐在丘吉尔的帮助下，在伦敦BBC（英国广播公司）发表了著名的《告法国人民书》，明确告诉法国人民"法国输掉的仅是一场战役，法国没有输掉战争"。法国军队只要重新掌握和拥有一支现代化装甲摩化部队，就可以反败为胜，将德国占领军赶出法国。

---

① 保罗·雷诺（Paul Reynaud, 1878—1966），法国政治家，1940年5月任法国总理，积极主张法国抵抗纳粹德国。德国侵入后，雷诺宁愿辞职也不愿对德休战，因而被捕入狱并遭拘禁到"二战"结束。

30 日，也就是在戴高乐只身扛起反法西斯大旗的第 12 天和贝当与希特勒签署法德《康边停战协定》的第 8 天，戴高乐告诉记者莫里斯·舒曼[①]，苏联和美国一定会在不久的将来参战，苏联甚至会先于美国，而德国进攻苏联之日就是德国失败之时。

戴高乐向舒曼讲这番话时，法国才刚刚沦陷，希特勒的坦克部队在欧洲大陆所向披靡，就连此时的斯大林还在克里姆林宫的阳台上为希特勒的辉煌战果喝彩，而美国总统罗斯福还在忙于总统大选，并向选民许诺在任何情况下都不会让美国卷入欧战，整个欧洲战场形势一边倒，德国处于绝对优势，未来形势如何发展难以预料。

因此，戴高乐对战争形势的分析是舒曼做梦都不会想到的。

在舒曼看来，戴高乐就是痴人说梦。一个被法国政府以叛国罪宣判为死刑的法军准将，只能在 BBC 广播中进行抗战宣传，无一兵一卒，甚至在法国根本没有人知道他的存在，这样的抗战事业究竟能坚持多久？法国人民究竟会不会支持这样一个流亡将军？更不用说英美政府是如何看待这个不自量力又好斗的"高卢雄鸡"的。

然而，历史就如同按照戴高乐写的剧本一样在发展。

首先，如同戴高乐判断的那样，希特勒放弃攻打英国，转而发起对苏联的全面进攻。

1941 年 6 月 22 日，希特勒撕毁《苏德互不侵犯条约》，发动了对苏联的全面战争。戴高乐由此得出结论，未来战争的走向必然是由于

[①] 莫里斯·舒曼（Maurice Schumann，1911—1998），法国政论记者，1940 年 6 月在伦敦加入"自由法国"并担任发言人。战后曾任参议员和蓬皮杜内阁外长等数个部长职务，是戴高乐主义的坚定支持者。

苏德战争导致苏联红军全面参与卫国战争,从而使苏德战争演绎成一场全面的欧洲大战。

12月7日,在希特勒对苏联全面开战的半年后,日本偷袭美军"珍珠港",导致太平洋战争全面爆发,美国对日宣战。

12月11日,太平洋战争爆发后的第四天,希特勒向美国宣战,德美正式进入交战状态。从此,一场由希特勒发起的对外复仇侵略战争已从法德战争慢慢演变成了20世纪人类历史上的第二次世界大战。

戴高乐在苏美两国介入欧战前就曾预言,一旦苏美对德宣战而形成世界大战,在这样的国际政治和军事条件下,就法国的反法西斯抵抗运动事业而言,不管参与的人数多寡,军事实力强弱,抵抗的时间有多久,法国终会是胜利者。

因此,在戴高乐看来,在法兰西民族最黑暗、最痛苦的时刻,法国也要竭尽全力站在正确的一方。也就是说,法国不能与德国法西斯沉瀣一气,法国要将抵抗德国纳粹的火炬高举在手。只要抵抗的火炬燃烧一天,法国的正义性就多一天。这样,在战后的政治安排中,法国就不是一个战败国,更不是纳粹的帮凶,而是世界反法西斯阵营中的一员。

为此,从1940年6月18日离开法国到1944年8月25日重返巴黎,在四年艰苦卓绝的反法西斯斗争中,戴高乐清醒地意识到,不管法国的反法西斯力量有多弱,哪怕就是他一人孤军奋战也要坚持下去。只有坚持,法国才有希望。反之,如果法国慑于德国的闪电战,寄希望于通过与德国媾和来换得苟且偷生,保存所谓的"实力",法国必然会站到历史的对立面,使尊严和荣誉蒙耻,也必将受到历史的惩罚。

第一章 远见改变世界

事实证明，戴高乐的这种远见，不仅使其追随者在迷茫中看到了胜利的希望，更使法国避免了像意大利一样可悲的下场，从而成为一个在国际反法西斯战场上受世人尊敬和在战后国际事务中发挥独特作用的世界大国。

1945年5月8日，以美国为首的盟军最终获得全胜，希特勒战败，德国无条件投降。如此，戴高乐在其远见卓识的武装下，在法兰西民族危难之际勇于对命运说"不"，不仅挽救了法国的命运，也使其本人成为法国人民的大救星。

戴高乐在《剑锋》一书关于"战争行为"这一章中，专门谈到了事物的调查与研究对远见的作用。

戴高乐认为，在准备任何战争前，一定要提前就决战的方案素材进行研究，从而使方案中的内容更明确、更仔细，以降低犯错误的可能性。戴高乐还特别强调对于军事情报更聪明、更巧妙地使用的必要性，从而避免作战时的各种随机性。

因此，戴高乐的远见不仅是一种智慧、敏锐力和责任感，也是建立在充分的信息掌握和调查研究基础上的知识积累，而非一种单纯的主观意志或灵感。

在法德战争爆发前夕，按坦克和飞机的数量计算，法军在世界上是仅次于苏军和德军的世界第三大军队；按海军力量排名，法国仅次于英国、美国和日本，位于世界第四；从军力看，法国拥有200万军人，是世界上不折不扣的一流军事强国。在戴高乐看来，这就是法军与德军叫板的实力。

那么，为什么法军总参谋部却选择了向德国投降呢？

其根本原因是法军总参谋部对未来战争的走向是悲观消极的，他们只看到近30万士兵被德军打死或打伤，150万士兵被俘，法国的坦克兵、空军或被德军分摊毁，或被德军缴获的状况，他们没有戴高乐那样的高度，看到法国还有屯守在北非的30万正规军，还有完好无损的世界第四大海军，以及法国广袤无垠的帝国和丰富的战略资源。因此，这种悲观主义和政治上的短视使投降保命变成了法国最高指挥官的优先决策。

我们再来回放一下历史。

法国有一支200万人的军队，在西线战场上还有法国空军3300多架飞机的掩护，其中一半是现代化的飞机，而德国空军只有1186架飞机。如果加上英国后来增援的一支由9个师组成的远征军和1500架飞机的空军部队，法国无论在空中还是地面相对德军均具有优势。

就坦克而言，法国拥有2268辆，德国有2574辆，法德旗鼓相当，而且法国坦克的性能并不比德国差。

然而，战略上的短视导致法军指挥部采取极其错误的投降路线，此举不仅玷污了法兰西民族的荣誉，也使法国付出了极其惨重的代价：英国担心保持所谓"中立"的法国海军落入德军之手，遂将其全部炸沉。一支世界一流的军队就这样瞬间灰飞烟灭了，教训何其惨痛！

显然，是戴高乐非凡的远见和勇气，使其从一个刚步入知天命之年且在法国军队里默默无闻的临时准将，一个刚被吸纳进入政府内阁的"青涩"的政治新秀，一跃成为拯救法兰西命运的民族英雄，一位维护了法兰西民族尊严的杰出的领袖！

2020年5月，为纪念戴高乐将军逝世50周年，由法国著名演员朗贝尔·维尔逊（Lambert Wilson）主演的电影《戴高乐》，生动地再现了戴高乐只身飞赴伦敦，抵抗纳粹德国的这段短暂却荡气回肠的心路历程。

在此，我们不仅会问，究竟是戴高乐选择了历史，还是历史选择了戴高乐？

然而，不管是谁选择了谁，其核心因素无疑是戴高乐独特的远见能力，是远见赋能戴高乐在法国历史的特殊时刻勇敢地站出来对法兰西的命运说"不"。

当戴高乐对法国军方权贵势力和芸芸大众幼稚的求生思想说"不"的时候，他虽然感到力不从心，虽然孤独，但仍要逆水行舟，"冒天下之大不韪"，就是因为他经过科学的分析，已看到胜利的彼岸。

为了胜利的彼岸，"我只得跳入海中游过去"，如同戴高乐本人在《战争回忆录》所描述的那样……

第二节　再次拯救法兰西

阿尔及利亚是法国的前殖民地，早在 1830 年，法国人就开始在此移民，并在 1834 年将阿尔及利亚列为法国的一个省。在法国，即使在今天，依然有许多人认为阿尔及利亚不是法国的殖民地，而是法国的一个省，是法国人辛辛苦苦一百多年建设了阿尔及利亚的一切，而在法国人到来之前，这里既没有国家也没有政府，阿拉伯人也占少数。简言之，阿尔及利亚就是法国人的后院。

因此，"二战"结束后，与法属摩洛哥、突尼斯、黎巴嫩等北非前法属殖民地不同的是，大多数法国民众仍然希望"阿尔及利亚就是法国"（l'Algérie, c'est la France），希望阿尔及利亚能继续留在法兰西民族的大家庭中。

然而，时过境迁，战后的阿尔及利亚已今非昔比，当地的阿拉伯人也从百年前只占人口的不到10%发展到总人口的90%，而原先居于绝对领导地位的欧洲后裔人口已降到全国人口的10%。

此外，战后北非摩洛哥、突尼斯、黎巴嫩等法属殖民地均宣告独立，非洲大陆法属殖民地国家的独立浪潮更是风起云涌，法国又如何能抵抗这样的时代潮流？

然而，强烈的法国民族主义意识和优越感不仅使法国公众难以接受这样的事实，法国政界领导人也是一个比一个立场强硬。1954年阿尔及利亚民族解放阵线（FLN）通过政治手段谋求民族独立时，法国各政党坚决反对，包括具有进步思想的左翼激进党总理孟戴斯-弗朗斯及其后任社会党总理居伊·摩勒。

面临法国政府的拒绝态度，阿尔及利亚民族解放阵线通过暴力恐怖手段追求独立，而当时的法国第四国共和国政府极为松散和行政无力，对阿尔及利亚内乱冲突升级束手无策，形势一天天恶化。

1958年5月13日，面对混乱的形势和软弱的中央政府，驻阿尔及利亚伞兵司令马絮成立由军方领导的公安委员会（Comité de salut public）并自任司令。

几天后，巴黎谣言四起，宣称驻阿尔及利亚法军总司令萨朗将军将与马絮将军一起武装进入巴黎，以推翻无能的法国第四国共和国政府。

与此同时，这些将领们纷纷呼吁德高望重的老领导戴高乐将军出来收拾残局，认为在法兰西国难当头之际，唯有戴高乐将军能力挽狂澜。

然而，这位几乎是法军将士胁迫第四共和国政府方能重出江湖的"老领导戴高乐将军"，又是为何将他这些坚定的政治支持者"抛弃"，转而承认阿尔及利亚独立呢？

面对军方的信任及将阿尔及利亚留在法国的强烈民意，戴高乐最简单的办法就是顺应军方和民意，如此，法国既可以保住帝国荣誉，也可以补偿"二战"与刚刚结束的越战中法军蒙受的屈辱，进而保护好一百多万在阿尔及利亚的法国移民和阿尔及利亚丰富的矿藏资源。

也许，戴高乐也可以据此捍卫法兰西民族利益，保护法国在阿尔及利亚的合法统治权，从而在法国历史上"名垂青史"？

但是，在戴高乐看来，政治利益是国家利益最崇高的体现，作为政治家，必须站在更高的、全新的角度上，让阿尔及利亚问题免于成为法国在战后国际舞台崛起和民族复兴的"包袱"。

戴高乐做了以下考虑。

一、法国难以长期承受阿尔及利亚内战造成的生命与财产损失

法国政府每年要拿出国家总预算的 30% 用以维护阿尔及利亚的治安，而此时的法国正处于战后重建时期，百废待举，需要花钱的地方很多，如此巨额花销让国家财政不堪重负。

与此同时，内乱使法国派遣了 50 万军队来镇压 3 万叛军游击队，其中至少有 40~150 万人死亡。暴力恐怖又使武装袭击、拷打、虐杀随处可见，作战对手界限模糊，随意杀戮，民不聊生。

二、阿尔及利亚危机将引发法国严重的社会危机

法国刚刚结束战争,本土老百姓需要休养生息,法国人民并不愿意为维护阿尔及利亚一百多万法裔的利益而无休止地输血,消耗国内的生产和生活资源,并且在阿尔及利亚,法国人与阿尔及利亚人在人口比例上已呈现巨大的差距。

当初法国殖民阿尔及利亚时,当地的原住民并不多,欧洲人后裔占多数,但一百多年后,阿拉伯人已达900万,占全国人口的90%,殖民者过去一统天下的日子不再,相反却沦为少数民族,而少数对多数的统治有悖客观经济与社会现实。

再者,让阿尔及利亚作为一个省继续留在法国非常危险,原因是阿尔及利亚人可以在法国本土自由迁徙、居住和工作,这是戴高乐最害怕看到的。

此外,戴高乐还清醒地意识到,由于阿尔及利亚危机,在法国本土的阿尔及利亚人与法国人之间已产生隔阂,只要这样的民族冲突存在一天,阿尔及利亚人与法国人之间的不信任甚至仇恨就会存在一天。

三、阿尔及利亚给法国带来严重的国际形象损失

"二战"结束后,法国在国际舞台上倡导民主、自由、正义与进步,积极营造一个主持正义、负责任的大国形象,但连绵不断的阿尔及利亚战争使法国在世界人民心目中,特别是在阿拉伯世界形象受损,尤其是法军飞机轰炸突尼斯小镇致数百名无辜村民和几十名正在念书的儿童被炸死的事件,受到国际舆论和联合国秘书长的一致谴责。

四、阿尔及利亚危机给法国带来严重的宪政危机

阿尔及利亚内战不仅使法国的经济、社会和外交蒙受巨大损失，也同时毒化了法国政治生态。长期的政局动荡助长了军人干政的现象，其中一些人公然叫喊"一切权力归军队"，公安委员会司令马絮将军公然表示军队"将不会无条件执行国家元首的命令"。

1961年4月18日，部分法军高级将领最终举起反叛旗帜，向戴高乐逼宫。

4月23日，戴高乐身着军服，向法国人民发表电视讲话，强烈谴责个别将军的兵变，并要求法国人民支持政府正在进行的阿尔及利亚和平解决方案。

1962年3月18日，法国与阿尔及利亚临时政府签订《埃维昂协议》。

4月8日，法国举行全国公投，表决是否接受《埃维昂协议》，当天的公投投票率为75.3%，有90.8%的法国选民支持《埃维昂协议》，承认阿尔及利亚人民自决权。

7月1日，阿尔及利亚举行全民投票，99.72%的投票者支持阿尔及利亚独立，投票的参与率更是高达91.88%。

公投后的7月3日，法国宣布承认阿尔及利亚独立。

阿尔及利亚公决独立后，100多万法裔离开他们祖辈生活的土地，返回法国，但战后法国去殖民化浪潮中最血腥、最动荡的一幕也随之落下帷幕。

戴高乐壮士断腕，甩掉阿尔及利亚这个"包袱"，减少了国家的财政压力，不仅赢得了和平，也使法国经济出现了腾飞，出现了战后"30年经济景气"，并保证了法国从20世纪60年代起在国际舞台上独特的

政治、经济大国地位。

其实，早在阿尔及利亚问题在法国举行全民公决的前两年，即1960年6月14日，戴高乐在给法国人民的电视讲话中就说过如下的话。

人们对帝国时代总是有一种怀旧情绪，这是完全正常的。人们想念煤油灯的柔光，帆船在海上漂流的美景和水手们在一起的快乐时光，但这又说明什么呢？世界上是没有一项有效的政策是可以离开现实生活的。

戴高乐时期的新闻部长佩雷菲特，也是有限的几位长期与戴高乐有频繁接触的政治家，曾在回忆戴高乐的电视采访中向记者披露，有一次在私下谈到阿尔及利亚时，戴高乐曾向佩雷菲特坦诚，放弃阿尔及利亚是他政治生涯中最痛苦的决定。

戴高乐说，"你觉得我心里会好受吗？""没办法，我必须这么做！"

如果不是戴高乐国家利益高于一切的眼界和胸怀，而只是考虑自己的政治前途，他本可以不这么做，以避免部分军队将领兵变和阿尔及利亚法裔激进分子对他实施的五次暗杀。

是戴高乐的远见使其"反其道而行之"，他不惧与其支持者的决裂，不惧面临的生命威胁，超越个人利益，力挽狂澜，改变了法国的政治方向和军事战略，再次将法国从战争的泥沼中拯救出来。

第三节 预见中华民族的崛起

1964年1月27日，格林尼治时间上午11点，中法两国政府在北京和巴黎同时发表《中法建交联合公报》，宣布"中华人民共和国政府和法兰西共和国政府一致决定建立外交关系。两国政府为此商定在三个月内任命大使"。

公报仅44个字,但在西方世界所引起的反响不亚于一次"外交核爆炸"。

4天后,即1964年1月31日,戴高乐总统在爱丽舍宫举行的记者招待会上,重申了他承认新中国的理由。

中国是一个大国,人口数世界第一。几千年来,这个民族以忍耐、吃苦和勤奋精神弥补了它缺乏凝聚力的集体缺陷,建筑了一个特殊、深刻的文明。这是一个泱泱大国,其领土从小亚细亚和欧洲的边缘伸展到广阔的太平洋海岸,从北部西伯利亚的冰天雪地一直延续到印度和北部湾的热带地区,地理面貌虽变化多端,却领土完整紧凑。

……

这个国家历史悠久,从始至终地坚持独立自主,不懈地致力于中央集权建设,本能地闭关自守,排斥外来,并以其亘古不变的永恒引以为荣。这就是中国,一个真正的中国。

……

法国同样相信,一些还持保留态度的国家迟早会认为应该效仿法国承认中国。更重要的一点是,在增进各国人民接触的过程中,我们将会促进人类事业的发展,即促进智慧、进步与和平事业的发展。同样,在这一过程中,那些导致世界分裂的各个阵营的对立和敌视将会得到化解。而且这种化解已经开始。这样,全世界的人们,不论他们身在何地,都会在不久的将来走到一起,响应一百七十五年前法国提出的号召,实现真正的"自由、平等、博爱"。

在这个别开生面的记者招待会上,戴高乐强调,中国是一个与世界一样古老的国家,承认中国无非是接受世界的一种现状。戴高乐认为,承认新中国,就是承认中国的历史,就是要在历史长河中看事物的发展趋势,无关什么党派执政。也就是说,国与国的关系首先是一种国家利益关系,一种长期而非短期的利益选择。

正是本着这样的思想,戴高乐在"二战"期间和战后大力发展与苏联的关系,并与苏联各届领导人都建立了特殊的互信关系。

戴高乐高瞻远瞩地认为,中国是人类历史上最重要的国家之一,人口众多,历史悠久,曾在历史上发挥过重大作用。对于这样的伟大国家,世界要有准备看到它的重新崛起。他甚至预言,中国将在21世纪中叶再次成为世界上最大的强国。

我们再回顾一下当年戴高乐承认新中国的历史背景。

在戴高乐当选第五共和国总统之前,即1957年5月20日至6月22日,法国前总理富尔夫妇应中国人民外交学会的邀请,对新中国进行了长达一个月的考察访问。在华期间,毛主席、周总理分别会见了富尔夫妇。毛主席会见富尔时引用"鹬蚌相争,渔翁得利"的典故,阐明了中法关系的利害。

富尔回国后,将他与毛主席、周总理的会见及对中国的所见所闻和所感以备忘录的形式写了一本书《蛇与龟》(Le Serpent et la Tortue)。在书中,他明确表示,"法国没有奉行'两个中国'政策的理由",并借用毛泽东诗词中"龟蛇锁大江""一桥飞架南北,天堑变通途"等诗句来形容法国同中国的建交。

富尔是法国资深政治家,二度出任政府总理,也曾是戴高乐所领导的战后临时政府的副秘书长,与戴高乐私人关系密切。

1963年8月20日,富尔来到中国驻瑞士大使馆,提出要与大使李清泉见面。在会见过程中,他提出希望再次访华,并在访华过程中能再次见到毛主席、周总理,希望与他们就当前国际局势及中法两国关系交换看法。

约10天后,李清泉大使向富尔转达了中国人民外交学会张奚若会长的访华邀请。

会见结束后,富尔马上向戴高乐通报,告诉他10月将再度访华。戴高乐明确告诉富尔,是时候与中方探讨法中建交了,并要求富尔以戴高乐的个人代表身份出访。为此,戴高乐还将一封亲笔授权信交给富尔。

10月22日,富尔抵达北京,与周总理、陈毅外长前后进行了六次会谈。

富尔带来了戴高乐对华建交的三个方案。

(1)无条件承认。

(2)有条件承认。

(3)短期内承认。

戴高乐希望能实现第一个方案,第二、三方案只是备用方案。

周总理对此作出明确回复,认为中法可以从完全平等的地位出发,选择以下的建交方式。

(1)全建交方式,如瑞士与北欧诸国,但这意味着法国要先同"台湾当局"断交,然后同新中国建交。

(2)半建交方式,如英国、荷兰。

（3）暂缓建交。

周总理表示，中方欢迎积极的、直接的建交方式。

富尔表示，全建交是戴高乐的心愿，但让法国马上同"台湾当局"断交，驱逐蒋介石在巴黎的代表，这对法国来说是件不愉快的事，尽管它仅仅是一个礼遇问题，不是政治问题。

为了照顾戴高乐的处境，周总理在坚持反对"两个中国"的原则下提出了三点内部变通策略。

（1）法国政府向中国政府提出正式照会，承认中华人民共和国政府，并立即建交，互换大使。

（2）中国政府复照，中华人民共和国政府作为中国的唯一合法政府，欢迎法国政府的来照，立即建立外交关系，互换大使。

（3）双方同时发表上述照会，立即建馆，互派大使。

三天后，中方以《周恩来总理谈话要点》的形式向富尔提供了中法建交备忘录。

富尔回到巴黎后，将上述方案报告戴高乐，戴高乐对此表示满意。

1963年12月12日，法国外交部欧洲司司长德博马歇来到中国驻瑞士大使馆，会见李清泉大使，通报法国政府准备承认新中国的决定。

1964年1月2日下午，德博马歇与李清泉大使继续会谈，双方商定以互换照会的方式建交，并希望联合公报越简单越好。

1月9日，德博马歇再次拜会李清泉大使，再次确认1月2日会谈提出的建交方案，并提出在1月27日或28日巴黎时间中午12时，双方分别在北京、巴黎同时发表公报。

李清泉大使根据国内指示，提出在北京时间1964年1月27日下午1:30或2:30，双方同时发表公报。德博马歇补充说，考虑到法国《世界报》每日下午3时出版，希望能及时在该报上宣布建交消息，故提出在巴黎时间12时发表公报。

就这样，中法两国超越意识形态，确立了友好的外交关系。然而，戴高乐承认新中国的战略决策却引起了大西洋彼岸的美国的强烈反对。

首先，在听说法国有可能与中国建交时，美国国务卿腊斯克和助理国务卿哈里曼三番两次地约见法国驻美大使，要求法国政府不要与新中国建交。随后，美国国务院又给法国政府递交照会，强烈反对法国与中国建立外交关系，但戴高乐丝毫不理会美国的照会，令美国火冒三丈。

其次，为阻止中法建交，美国政府一方面通过外交渠道和舆论给法国政府施加强大的压力，另一方面派与蒋介石私交甚笃的原中情局台湾情报站负责人克莱恩火速访台，并请他转告蒋介石与蒋经国，一旦法国宣布与北京建交，"台湾当局"不要马上宣布与法国断交，以便让法国政府在国际上承担道义责任，遭受谴责。在与法国谈判断交时，要力争法方继续保留在台的外交机构和外交人员，给中共出一道难题。

最后，美国还告诉"台湾当局"，鉴于法国在法语国家的影响力，要防止其他国家一窝蜂与"台湾当局"断交，并与新中国建交。

克莱恩到达台北时，蒋经国特地到机场迎接，随后与其密谈。

在美国的唆使下，蒋介石对法国的态度只是停留在口头抗议和在报刊、广播电台上对法国口诛笔伐，却一字不提与法国断绝外交关系。台湾"外长"沈昌焕还电告其驻法"大使馆"，要求其"处变不惊，不屈不挠，守好馆产"。

蒋介石的做法使戴高乐原本的策略难以实施，戴高乐不得不在2月10日命令法国驻台"大使馆"临时代办萨拉德会见台"外长"沈昌焕，通知其由于法国已与中华人民共和国建交，法国将从即日起撤馆，台湾驻法人员无任何理由再继续留在巴黎。此外，法国还将本着国际惯例，将台湾驻法国"大使馆"的馆产交由中华人民共和国接管。

接下来，法国政府先是对台湾留守人员陈垣礼貌地请离使馆，后由于陈垣赖着不走，法方派遣军警将躺在地上耍赖的陈垣强行抬出了馆外，并不准他再入馆内。

5月27日，法国首任驻华大使佩耶抵京，6月2日，中国首任驻法大使黄镇也抵达巴黎，两位大使分别向国家主席刘少奇和戴高乐总统递交国书，中法两国大使级外交关系正式建立。

回顾历史，法国率先承认新中国，不仅推动了20世纪70年代初英国、联邦德国、日本等西方国家相继与中国建交，也使美国政府更加意识到承认新中国的必要性，从而促成了尼克松总统1972年访华和中美双方在上海共同发表旨在建交的《上海公报》。

有意思的是，在尼克松访华前，他曾私下多次向戴高乐总统请教如何促进中美建交，以及美国如何与中国打交道等问题。

第四节 预见英国"脱欧"

格林尼治标准时间2020年12月31日23时，持续六年之久的英国脱欧行动终于修成正果，英国于当日正式退出欧洲联盟及其欧盟单一市场，以及关税同盟，双方同时签署《欧盟—英国贸易与合作协定》，并于 2021 年 1 月 1 日正式生效。

从 2016 年 6 月 23 日英国全民公投，51.9% 的英国选民支持离开欧盟以来，英国的脱欧决定在全球引起强烈反响，整个脱欧过程更是跌宕起伏。人们进而认为，英国的脱欧是由造成 1% 之差的选民"一念之差"或"心血来潮"玩的一个"危险的游戏"，是那些持有民粹主义思想的英国人对传统英国精英政治的报复，更是西方民主制度的设计缺陷，他们甚至预想到在巨大的经济利益面前，在与欧盟繁杂艰难的谈判面前，英国老百姓会最终恢复理智，从而叫停这场游戏。

然而，这样的愿望并没有实现。

在与欧盟一次次痛苦的谈判中，英国人不断地接近脱欧目标，这是在战后欧洲联合史上第一次出现一个成员国以全民公投的方式向欧洲联合说"不"，这个匪夷所思的历史选择超出了人们所有的想象，但我们有所不知的是，这个结局戴高乐生前就预料到了。

可以毫不夸张地说，戴高乐在半个世纪前就从英国人的民族禀性中看出了其潜在的脱欧倾向，进而两次拒绝英国加入欧盟的前身欧洲共同市场的申请！

我们再回顾一下戴高乐当年拒绝英国入盟的历史。

1957 年，法、德、意、荷、比、卢六国签署《罗马条约》，欧洲战后重建进入快车道。英国保守党政府首相麦克米伦看到了西欧经济腾飞的前景，也鉴于西德的影响力日益增大，认为英国应该加入这个共同体，并且要成为其中心。

经过多年的精心准备，1961 年，英国和丹麦、爱尔兰政府一起向欧洲共同市场提交了加盟申请,但要获得批准,"老大哥"法国的一票至关重要。

于是,1962年11月,首相麦克米伦专门到巴黎拜访戴高乐,希望戴高乐能"高抬贵手"。戴高乐在朗布依埃国宾馆举行盛大的国宴,并在次日安排喜欢狩猎的麦克米伦在朗布依埃射击狩猎,但戴高乐对英国加入欧洲共同市场却态度坚决,甚至明确警告英国,在入盟和与美国的"特殊关系"之间必须"二选一"。

听闻戴高乐的表态后,麦克米伦非常沮丧,他在后来出版的回忆录日记中写道,"法国人总是在最后背叛你"。

在麦克米伦看来,是英国收留了当年流亡的戴高乐,没有英国就没有戴高乐,就没有法国的今天。但与麦克米伦不同的是,戴高乐在自己的回忆录中对国家友谊的看法正好与麦克米伦的英式思维相反。

戴高乐在其回忆录中写道,"男人之间可以有友谊,但国家之间不行,国与国之间只有利益存在"。①

1963年1月,戴高乐通过举行记者招待会将其反对英国加入欧洲共同市场的观点做了非常详细的陈述。

首先,英国是个海洋大国,奉行贸易立国,主张自由经济,其岛国的特质和政治经济结构"极度"不同于欧洲大陆国家。

其次,由于英吉利海峡的地理位置,英国与欧洲大陆不接壤,与欧洲共同市场各成员国距离遥远,特别是其奉行重商业主义,农业非常少,其消费习惯和传统文化与欧洲大陆差异很大。

最后,英国与美国关系特殊,英美的紧密关系势必会使英国成为

---

① 夏尔·戴高乐.战争回忆录[M].陈焕章,译.北京:中国人民大学出版社,2015.

美国的"特洛伊木马",从而分化欧洲国家之间的深度联合,甚至会影响未来可能实现的欧洲一体化。

从一开始,戴高乐就意识到英国加入欧洲共同市场是一种机会主义,英国的地理文化、民族习性、贸易和工业立国的战略,以及国际竞争中的比较优势,很难让英国在欧洲共同市场内部成为一个坚定的联合推动者,其充其量只是一个"心猿意马"的同路人,闹不好还会是一个"身在曹营心在汉"的离间者、一个美国利益在欧洲大陆的"代言人"。

因此,在戴高乐看来,欧洲共同市场是绝对不能接纳英国加盟的,即使英国有朝一日入了盟,由于上述原因,英国迟早会退出由欧洲大陆国家主导的欧洲经济联合。

在戴高乐的做法中,我们同样可以看到戴高乐坚定的反美立场和主张欧洲联合自强的决心。

戴高乐对罗斯福在战后意图占领甚至肢解法国的图谋记忆犹新,并一直耿耿于怀,而且又目睹了麦克米伦与美国签订的有关美英核潜艇合作的所谓《拿骚协议》,再次试图将法国排挤在世界核俱乐部之外,为此,戴高乐怎么能无动于衷?

在戴高乐看来,拒绝英国加盟,就是确保法国的欧洲战略不受干扰,确保法国在欧洲联合的领导权不被削弱,确保未来的欧洲联合是从太平洋到乌拉尔山的欧洲广袤大陆组成的与美国平起平坐的独立、强大、和平的欧洲。

1963年,法国不但对英国入欧申请投了否决票,而且戴高乐还警告其他五个成员国,要是接纳英国,欧洲共同市场将马上面临解体的境地。

英国第一次加盟宣告失败。

1967年7月,欧洲共同市场的欧洲煤钢、原子能、经济三大共同体合并为欧洲共同体,英国首相威尔逊再次代表英国提出加入欧共体的请求,但这一请求同样再次被戴高乐拒绝了。

1967年11月27日,戴高乐在爱丽舍宫举行记者招待会,再次声明,"让英国加入欧共体意味着将带来许多'伪装',那些付诸了许多心血和希望建立起的结构将被破坏,而我们却要将其掩藏"。

戴高乐表示,英国对欧洲共同体理念的抵触根深蒂固,而且英国的经济状况与欧洲不相配,必须转型才有可能被接纳。

就这样,戴高乐第二次公开否决了英国入欧申请。

1969年,戴高乐辞职后,英国进行第三次入欧申请,这次努力获得成功,原因是戴高乐不再主政,并于1970年11月9日溘然离世。

戴高乐的继任者蓬皮杜总统认为,英国加盟可提升欧共体的经济实力,对内有利于深化改革、做强做大欧洲市场,对外有利于提升欧洲的国际影响力。

蓬皮杜甚至认为,戴高乐主张的欧洲联合是建立在欧洲民族国家主权基础之上的联合,英国人酷爱独立、主权意识强烈,英国加盟有利于制约布鲁塞尔技术官僚的欧洲联邦制化的图谋,从而确保戴高乐的欧洲联合理念在未来得到某种支持或保障。

1972年1月,英国首相希斯在布鲁塞尔签约。一年后,即1973年1月1日,英国成为欧共体成员国。

然而,从英国成为欧共体成员国的第一天起,正如戴高乐所料,英国也同时开启了"脱欧"的新航程。

第一章　远见改变世界

1974年英国大选，保守党下台，工党领袖、首相威尔逊再次上台，明确提出要与欧共体重新谈判关于英国成员资格的条款。在威尔逊政府23名内阁中，主张脱欧者达7人。

1975年6月5日，英国就是否脱欧举行公投，主张脱欧者占三成。

整个20世纪80年代，欧洲问题是英国社会最大的分裂因子。素有"铁娘子"之称的时任英国首相撒切尔更是批评欧洲联合的急先锋，她直言集权式的欧洲共同体对英国是一场"噩梦"，抨击布鲁塞尔向英国索要大量的财政贡献却很少返还英国。

1992年，欧共体成员国签署《马斯特里赫特条约》(《欧洲联盟条约》)，欧盟宣告成立，英国脱欧派更加担心英国"丢失国家主权"。

进入21世纪后，英国社会围绕留欧与脱欧问题斗争激烈。

2013年，时任首相卡梅伦表示如果大选获胜，将在2017年之前再次举行留欧与脱欧公投。2016年6月23日，英国举行公投，选择脱欧。

在与欧洲大陆国家的现代交往史上，英国人三次不屈不挠地争取入盟，又两次进行公投，最终选择脱欧，英国与欧洲大陆近半个世纪从调情、热恋，到结婚，再到最近这场举世瞩目的英式理性"协议离婚"，历史给我们开了一个不大不小的玩笑。然而，对于如此结局，半个世纪前就被高瞻远瞩的戴高乐将军言中了！

▪▪ 讨论 | 远见改变世界

在现实生活中，我们都有这样的体会，领导者个人的远见能力对一个国家或一个组织的兴衰成败有着至关重要的影响。在企业生活中，由于领导者个人的远见改变了企业的命运，或者由于领导者个人缺乏远见，没有看到时代的发展趋势，从而使一个全球著名大企业一夜之间由盛变衰的例子比比皆是。例如，美国著名的电脑公司IBM、世界最大的彩色胶片大王科达公司，乃至因特网新经济中的领军者雅虎，短短几年就从最初的时代弄潮儿转眼成为时代的弃儿。更让人惋惜的是，这样的败落并不是由于企业家们的懒惰，而是由于他们远见能力的匮乏，没能看到日新月异的技术进步所带来的行业格局的变化，最终被时代抛弃。

案例

雷军的远见

在中国创投界，小米公司创始人雷军可谓家喻户晓，他十多年来创业打下的小米公司从小到大，从无到有，从有到强的历程已成为移动互联网时代创新创业的典型励志故事，他的一句话"站在风口上，猪都会飞"的"飞猪理论"也早已成为移动互联网时代中国企业家把握时势，顺势而为的座右铭。

2010年4月6日，步入不惑之年的雷军与其好友林斌、周光平、刘德、黎万强、黄江吉、洪峰六人煮了一锅小米粥，决定联合创办小米科技公司，重点打造智能手机品牌"小米"。

雷军作出这个人生最重要决定的核心理由是他坚信移

动互联网沟通时代已经到来。他认为，随着移动基站的不断普及、网速的不断提升，人类将从过去的PC机互联网时代进入一个移动互联网沟通的全新时代，在这样重要的时代变化中，必将产生一场人类沟通方式的革命，而高品质和高性价比的手机作为移动互联网时代沟通的核心载体，必将成为未来人类生活的必需品和最好的伙伴。

雷军预言，移动互联网时代人类沟通方式的革命必将对人类的工作、生活、出行产生重大影响，从而导致通信领域的一场产业革命。因此，移动互联网投资将是下一波全球产业的风口。

雷军"飞猪理论"的核心要点总结如下。

一、形势比人强，企业家必须与时代作朋友，顺势而为

雷军毕业于武汉大学，从小喜欢电脑，大学读的也是计算机专业。他23岁入职金山，16年来起早贪黑，号称"中关村第一劳模"，从程序员一直做到CEO，再到带领金山上市，是一个尽心尽职的企业领导者。

然而他发现，他为之打拼16年的金山软件公司在互联网行业中已落后于时代潮流，前有微软世界巨人，后有中国盗版软件，金山的发展已到了天花板。也正是这样的原因，2007年10月9日，金山软件公司在香港上市时首日开盘价才3.9港元，全日收报5.00港元。

雷军在接受《新浪科技》采访时表示，金山用了8年时间准备上市，换取6.261亿港元，而别人可能只需用1年，这也是他激动不起来的原因。一个月后，也是在港交所，马云的阿里巴巴上市，开盘价30港元，较发行价13.5港元涨了122%，顺利融资15亿美元，创下中国互联网公司融资规模之最。

雷军为此向自己发问，金山做对了什么？或做错了什么？

雷军明显感受到，与马云、马化腾、李彦宏等企业家相比，他所在的金山软件公司占错了跑道，明显错过了中国互联网掀起的中国企业发展的大潮。无论是马云的电商产业，腾讯的网络社交平台，还是李彦宏的搜索引擎产业，只要赶上了互联网的风口，它们就像坐上直升机一样一路扶摇直上。

二、台风只让有准备的"猪"成为"飞猪"

雷军从2010年4月开始创业打造小米手机品牌，一路攻城略地，所向披靡，我们在此回顾一下他的创业历程。

2010年4月，雷军开始创业。

2011年，第一款小米手机投放市场。

2017年，小米在中国市场成为继三星、苹果和华为之后的第四家可独立研发系统芯片的智能手机制造商。

2018年，小米在港交所上市。

2019年，小米跻身《财富》世界500强第468位，并成为有史以来最年轻的世界500强公司（合并产生的公司除外）。同年，小米手机在世界90多个国家销量第四，其产品线和业务也从原来的智能手机拓展到智能家庭、智能硬件、智能生活消费用品及教育、游戏、社交网络、文化娱乐、医疗健康、汽车交通、金融等领域，并由此创建了全球最大消费类IoT物联网平台。

2019年，小米营收2058.39亿人民币，净利润115.32亿人民币元，拥有员工18170人。

从小米成功的案例中，我们可以看到雷军做了以下几件事。

1. 更早地看到移动互联网时代的到来

在雷军创业的 2010 年，中国全年手机产量才 3000 万部，虽然比 2009 年增长了 35%，但还不到 2019 年中国国内手机市场出货量 3.89 亿部的一成，不到 2020 年中国全国近 9 亿人手机用户的 3%。

在这短短的 10 年内，雷军所预见的智能手机这一行业风口被高达 97% 的中国消费者所验证，因而也验证了他自己的说法，只要你是站在风口的一头"猪"，你大概率会被吹得飞起来。

2. 更早地意识到移动互联网时代消费者产品需求的特点

在雷军涉足手机市场时，中国手机市场的十大品牌分别是诺基亚、HTC、三星、摩托罗拉、苹果、黑莓、索尼爱立信、多普达、联想和LG，其中，诺基亚更是占了中国手机市场的"半壁江山"。小米作为一个后来者，既缺乏经验，也没有核心的专业技术和雄厚的资金支持，如何破局，在竞争白热化的手机市场中占据一席之地，就需要非常智慧的行业进入策略。

于是，雷军提出要打造"感动人心、价格厚道"的好手机，要"让全球每个人都能享受科技带来的美好生活"，而雷军的理念非常符合预算有限却追求时尚的广大青年消费者。从更广泛的意义上说，也符合所有理性消费者的消费心理。

为此，小米手机一开始只在网上销售，通过互联网进行口碑营销和新媒体营销，没有渠道商、零售商等中间环节，节省了成本，给消费者最大限度地让利。雷军表示，一款手机如果成本是两千，就定价两千。他还向社会明确承诺，小米硬件净利率永远不超过 5%。

正是由于雷军将小米的产品做到同行业价格最低和质量最高的承

诺,才使小米手机成为中国乃至世界手机市场上的佼佼者。

3. 更早地懂得移动互联网时代"粉丝"经济的重要意义

雷军知道,要实现"让全球每个人都能享受科技带来的美好生活"这样的愿景,需要更多人的支持和参与,而在中国和世界各地同样存在许多像他一样热爱手机的发烧友。

创业前,雷军是出名的"手机控",抽屉里居然有58部手机,创业后他天天关注的都是市场上的各种新手机。2020年,他一年用了40部手机。雷军希望小米手机是属于全体发烧友的手机,并要让这些发烧友用了小米手机都会"尖叫"。

这种特殊的"米粉"经济为雷军带来了数不尽的产品改进意见,甚至是具体的解决方案。更可贵的是,"米粉团"既是小米手机的忠实用户,也是小米手机的义务宣传员和推销员。从营销学角度看,雷军的"米粉经济"开创了移动互联网时代产品营销的新模式。

4. 更早地参与移动互联网引起的产业革命

雷军认为,在移动互联网时代做手机,必须要有互联网+制造业的互联网思维,必须专注,追求极致,积攒口碑。战术上要快,但在战略上,他预见了人类新的生活方式革命所引起的产业革命,如智慧家电和物联网革命。为此,雷军在2019年就提出小米手机+人工智能与物联网(AI+IoT)的"双引擎战略",并为此做了精心的战略布局。

截至2019年3月,小米为配合其"双引擎战略"战略,共投资了270家公司,价值290亿元。

在构建小米生态链的过程中,雷军希望打造移动互联网产业合作的大平台,其合作理念秉承参股不控股,能由合作企业生产的产品尽量让合作企业生产，保护合作企业发展的独立性和冲劲，理顺其与小米之间的利益关系，从而共享 1+1＞2 的效果。

在雷军的眼中，一个应用型的企业值十亿，平台型企业值百亿，而唯有生态型公司才值千亿，而我们未来的时代就是一个生态型企业的时代。

从上述案例分析可见，小米的创新奇迹和发展速度跟雷军的战略眼光不无关系，而非仅仅是时代的红利。

世界管理学大师彼得·德鲁克认为，在不确定性和不连续性中把握机遇的能力就是宝贵的企业家精神。无论是戴高乐的远见改变了法兰西的命运，还是雷军的远见改变了人生的轨迹都说明，高瞻远瞩的远见能力可以使一个组织、一个企业从无到有、从弱到强、从小到大。

通用电气首席执行官、世界著名企业家杰克·韦尔奇曾说过，"优秀的企业领导者创建愿景，明确表达愿景和热情地拥有这种愿景，并将不懈努力使愿景得以实现"。纵观雷军十余年创业史，我们不难看到，正是因为拥有这样的远见，才使雷军的"小米"生态链愿景由梦想变为现实。

- 远见的确立
- 远见的考验
- 远见的坚守

第二章

远见的确立

美国总统肯尼迪说过:"一个人没有目的和方向,光靠努力和勇气是不够的。"

无疑,远见使戴高乐有勇有谋,并成为法兰西历史上杰出的政治家。然而,远见需要确立的过程,是在艰难困苦,甚至危险环境中的坚守。

如果说远见的确立是一项艰苦卓绝的工作,它源于一种教育、一种价值观和人生观,抑或一种文化传统,那么,远见的坚守则是领导者的使命感和智慧的体现,是领导者面临各种艰难困苦时的定力,不断吸引众多的追随者和拥护者。

第一节　远见的确立

如果说戴高乐领导法国人民反法西斯斗争取得胜利得益于其对战争结果高瞻远瞩的判断,法国摆脱阿尔及利亚内战得益于戴高乐高屋建瓴的远见,那么,法兰西民族在20世纪上中叶的复兴则得益于戴高乐对法兰西民族持之以恒的愿景。

用戴高乐自己的话说,那就是"法兰西不伟大就不是法兰西"。

戴高乐在《战争回忆录》中有如下心理剖析。

我一生中一直对法国有一种想法,这是从感情和理智两方面产生的。感情的那一面，使我把法国想象得像童话中的公主，壁画上的圣母一样，身负一项崇高而卓越的使命。我本能地感到，上帝创造法国不是让它完成圆满的功业，就是让它遭受惩罚性的灾难，假如这种情形出现，即它在行为和事业上表现为庸才，我就会认为那是一种可笑的变态，其过失在于法国人，而不在于这个国家的天赋。但我理智的一面又使我确信，除非它站在最前列，否则它就不能成为法国；唯有丰功伟业才能弥补法国人民天性中的涣散。我国与当前的其他国家相处，如果没有一个远大的目标和勇往直前的精神，就会遭到致命的危险。总之，法兰西不伟大就不是法兰西。①

法兰西的使命，就是戴高乐的使命。在戴高乐的一生中，他总是将法兰西的复兴视作法国对人类社会的"一种想法"（Une certaine idée de la France），为了实现这一想法，戴高乐赴汤蹈火，在所不辞。

戴高乐的有关法国的"一种想法"，源于其幼年的家庭教育，源于法国人所肩负的历史责任，源于他本人对生命意义的定义。戴高乐的终生愿望就是实现法兰西民族的复兴，洗刷普法战争的失败给法国人带来的耻辱。

从一定意义上讲，由于这种远见的确立，戴高乐既是造梦者，也是追梦者。为了这样的梦，戴高乐意识到他的生命不属于自己，而是属于法兰西的。

因此，在生活中戴高乐身上会同时出现两个人，一个是他自己，一个是戴高乐。

当他做任何事情的时候，他总会问自己，这样的事戴高乐会同意

---

① 夏尔·戴高乐.战争回忆录[M].陈焕章,译.北京：中国人民大学出版社,2015.

吗？戴高乐会这么做吗？甚至在戴高乐的回忆录中，他也经常用第三人称写戴高乐，而此时他笔下的戴高乐就是一个历史人物，一个属于全体法国人的人。

戴高乐的儿子菲利普在《我的父亲戴高乐》一书中回忆道，有一次，戴高乐在谈到人生舞台上每个人的作用时说，"每个人都应该演好自己，自己在剧中的角色都应该守在自己的位置上，按照自己的方式来表演，根据他自己的才能、姿势、实力、弱点和分工来表演。绝对不能躲到后台去，应该始终面对观众，即使他们不喜欢你"。①

接着，菲利普又写道，"他（戴高乐）又重复了一遍对我说，至于我吗，我演的是悲剧"。①

可见，戴高乐将其一生视作奉献给法兰西复兴的一生，甚至这种使命也使其人生带有一定的悲剧色彩。

纵观戴高乐的一生，不难发现尽管其法兰西复兴的伟大愿景会因时空和场景的不同而变化，但他的法国的"一个想法"总是贯彻始终。正是这个法国的"一个想法"驱使着戴高乐，使其为法兰西圆了复兴梦。

第二节　远见的考验

"二战"全面爆发后，由于英国张伯伦政府和法国达拉第政府对希特勒政府一味地奉行绥靖政策，法军总参谋部更是长期以来坚持保守的防御性战略，加上法国社会上出现的全民厌战的情绪，法军尽管与

---

① Philippe de Gaulle, Michel Tauriac. De Gaulle, Mon Père [M]. Paris: Plon, 2014.

英军一起对德宣战，但实际上根本无意与德军作战，导致出现宣而不战的状况，史称"奇怪的战争"。

法军对德国采取的不进攻战略贻误了对德作战的最好时机，从而使德军发起了全面进攻。

1940年5月17日，戴高乐上校率领法军第四装甲师200辆装甲车向驻守在法国北部边境小镇蒙科尔内的德国守军发起进攻，并取得胜利。这是法军自5月10日德军入侵法国后的第一场军事胜仗，大大鼓舞了法军和法国人民的士气，但由于兵力对比悬殊，在初战告捷后戴高乐上校被迫率部队撤退。

27日至30日，戴高乐上校在阿布维尔又一次成功阻断了德军进攻，从而受到法军总参谋部嘉奖，被誉为"勇敢果断的杰出指挥官"。

在戴高乐被总理雷诺任命为国防和战争事务部副国务秘书后，1940年6月9日，戴高乐代表雷诺总理赴伦敦唐宁街10号拜会英国首相丘吉尔，这也是戴高乐生平第一次见到丘吉尔。

戴高乐将军向丘吉尔首相表示，一旦法军与德军正面交锋失败，法国政府仍有意愿在北非及法兰西帝国的广阔领地继续抗击德国法西斯，并希望法国抗击纳粹德国的抵抗事业能得到英国政府的支持。

丘吉尔表示，由于英军在法国战场上损失严重，且英军刚刚撤回到英国本土，只能让来自加拿大和英格兰的两个师在诺曼底支持法军，但英军支持法军对德抵抗到底的决心与战略不变。然而，丘吉尔同时也明确拒绝了戴高乐提出的让英国皇家空军对法国空军对德作战给予支持的请求。

当晚，戴高乐飞回巴黎。

10日，巴黎沦陷在即，戴高乐随政府撤离至法国中部城市图尔。

11日，戴高乐陪同雷诺总理会见丘吉尔，在历时3小时的会谈中，法军总司令魏刚和"一战"英雄贝当元帅均表示法国已战败，法军无力也无意继续抵抗。

12日，戴高乐向雷诺总理正式书面提出利用北非法属殖民地继续抗战的想法。

13日，雷诺邀请戴高乐列席法国政府与丘吉尔的会谈。会上，丘吉尔再次表达英国抗击纳粹德国的决心，并对法国单方面与德国媾和提出英国的先决条件：（1）法国政府不能将法国海军交给德国；（2）法国需将300名德国俘虏转交英国。

14日，法国政府从图尔向波尔多转移，戴高乐在陪同雷诺总理赴波尔多的路上再次劝说雷诺继续利用北非法属殖民地对德作战。雷诺向戴高乐保证其战斗到底的决心，并要求戴高乐马上到伦敦与丘吉尔商量法英联合抗战事。离别时，两人约定在阿尔及利亚再见。

15日，戴高乐一早驱车到布列坦尼视察法国军队，并在当晚乘船到英国普利茅斯港。

16日，戴高乐一早从普利茅斯坐火车到伦敦。戴高乐此行肩负着两大历史任务：一是与丘吉尔当面表达雷诺政府的抗战决心并寻求英国的支持，二是处理一批法国政府采购并已海运至英国的1000门75毫米大炮。

戴高乐抵达伦敦后，法国驻英大使戈宾和国联副秘书长让·莫内[①]求见戴高乐，二人均向戴高乐表示，鉴于雷诺政府内部停战派的呼声很高，为支持雷诺总理抗战的决心，应该给他创造一些有利的"事情"。

---

① 让·莫内（Jean Monnet, 1888—1979），法国政治经济学家、外交家和国联副秘书长，被认为是欧洲一体化的主要设计师及战后欧洲联合之父。

为此，莫内向戴高乐详细介绍了其有关组建"法英两国联合政府"以共同抗德的想法。戴高乐对此虽有保留，但也认为是一种值得一试的权宜之计。

午间，戴高乐利用与丘吉尔共进午餐的机会提出此想法。丘吉尔深知法国主降派已在内阁占上风，认为这是一个值得一试的冒险计划。于是，丘吉尔邀请戴高乐下午到首相府细谈。

在首相府，当英国内阁大臣们就此事争论不休时，戴高乐打电话告诉雷诺他将有重大事件向其通报。

雷诺表示，戴高乐的任何通报必须在下午5时雷诺召开法国政府内阁会议前告诉他。

经过两个多小时的激烈争论，丘吉尔内阁最终作出同意法英两国合并的重大决定，丘吉尔向戴高乐作了正式通报，强调英国政府可以与法国政府一起联合组建法英抗德联盟。

戴高乐闻讯后马上拿起电话通报雷诺总理，一旁的丘吉尔接过电话对雷诺说："戴高乐是正确的！我们的提议会产生巨大的效果，你必须抓住这一点！"

丘吉尔还与雷诺约定，第二天在法国的康加诺见面细谈。

为此，丘吉尔为戴高乐调动了一架专机，并嘱咐戴高乐，该飞机在第二天中午前归戴高乐全权调用。

尔后，戴高乐飞回波尔多。

晚9时，戴高乐返抵波尔多机场，接机的副官告诉戴高乐，主战派总理雷诺已经向总统提出辞呈，总理职务已由主和派贝当元帅接替。

戴高乐马上直接从机场驱车看望雷诺总理，后者精疲力尽，对未能率领法国人民将抵抗运动进行到底表示遗憾。雷诺说尽管他已辞职，但他仍然支持戴高乐将抗战进行到底，并允诺从他的总理专项基金中取出 10 万法郎资助戴高乐的抗德事业。

接着，戴高乐又去看望英国驻法国大使坎贝尔，向其明确表示他本人将抗战坚持到底的决心。

17 日上午，戴高乐在丘吉尔的联络官斯皮尔斯将军及戴高乐的副官古赛尔的陪同下去了机场。

戴高乐在《战争回忆录》里如是追忆。

6 月 17 日早晨 9 时，我和斯皮尔斯将军及副官古赛尔乘前一天晚上带我回来的英国飞机起飞。启程时并没有遇到什么阻拦或惊险。我们飞过罗舍福尔和罗舍尔，这两个港口的船只被德国飞机炸得起火燃烧。接着我们又飞过了班朋，我的母亲在这里病得很厉害。由于附近销毁了一些军火库，这儿的森林正在冒着浓烟。我们在泽西停了一下之后，就在下午很早的时候到了伦敦。当我们进入房间后，古赛尔立即打电话给大使馆和代表团，但得不到回答，我感到自己是孤独一人，一切都被剥夺了。就像一个人面对着一片茫茫的大海，我准备跳到水里游过去……①

同一天，贝当政府宣布放弃抵抗，并将与德国签署停战协议。从此，法国沦为战败国，成为纳粹德国的附庸与走狗。

同日下午，飞抵伦敦的戴高乐在唐宁街 10 号见到丘吉尔，并向其表示希望利用 BBC 广播向法国人民发出抵抗纳粹德国的呼吁。丘吉尔表示支持，但需要在明确了解贝当政府放弃抵抗的正式声明之后。

---

① 夏尔·戴高乐. 战争回忆录 [M]. 陈焕章，译. 北京：中国人民大学出版社，2015.

18日下午6时,在获悉贝当政府已宣布向德国投降后,戴高乐来到伦敦的BBC广播公司总部,发表了著名的《告法国人民书》,从此吹响了法国人民波澜壮阔的反法西斯斗争的号角。

从6月6日到18日,在短短的十几天里,戴高乐作为内阁成员,参与了所有政府国防政策的辩论和制定过程,在法兰西民族生死存亡的关键时刻,远见卓识给了他战胜一切困难和死亡威胁的勇气,他毅然决然地对贝当政府说"不",只身飞赴伦敦,揭竿而起,率领法国人民进行了艰苦卓绝的反法西斯抵抗运动。

在这种远见力量的鼓舞下,法兰西民族在其至暗时候迎来了救星,一个20世纪的世界伟人就这样诞生了。

1940年6月18日,戴高乐将军在英国BBC广播公司发表著名的《告法国人民书》

李小超 绘

第三节　远见的坚守

戴高乐在《剑锋》一书中将具有远见能力的领导者称之为"有性格的人",其描述如下。

人们担心他(有性格的人)大胆无畏,不能循规蹈矩和甘于平静。庸才们指责他是"无分寸感的骄傲",是那种敏感得如同拒绝前进的驴子一样的纯种马,是一种毫无掩饰的源于强大性格的苛刻,是依靠那些可以抵抗的东西,喜欢坚定的决心,而非那些轻松而无反应的人。但是,一旦当事情变得严重或危险出现时,力挽狂澜的职责会使他立即采取行动,而甘愿冒险的偏好和强大的心态像体内一种汹涌澎湃的激流使有性格的人脱颖而出,站在最前线。

……

人们接受他的建议,赞美他的才华,相信他的品德。因此,艰巨的任务、重要的努力和决定性的任务都非他莫属。当一个重大事件出现时,有性格的人作出的是其作为人的本能。人们都深深地从内心感受到他的这种力量的鼓舞。所有的人都认为这样的力量价值是行动中最重要的部分。如果没有这样有性格的人的激情驱使下的行动,人类历史上的任何一项伟大的事业怎么可能实现?如果听信那些低级的所谓需要三思而后行的建议或那些胆小鬼似的谦逊,亚历山大就不会征服亚洲、伽利略也不会演示地球的运动、哥伦布也不会发现美洲。而且,就是那些成就卓著的人也常常不得不遵循那些虚假的纪律。[①]

---

① Charles de Gaulle. Le fil de l'épée [M]. Paris:Edition Perrin, 2015.

戴高乐领导力与大变局时代的启示

为此，英国首相丘吉对这种远见坚守感言道，"（这种坚守的）勇气是人类最首要的素质，因为它能保证人类所有其他的素质"。

在现实生活中，有远见的领导者并不少，能够与追随者分享远见者也不在少数，但最困难的是领导者能否坚持远见，在历史的潮流中逆水行舟，力挽狂澜。也就是说，这种对远见的坚守和对绝大多数人说不的能力是领导者与追随者的分水岭。

戴高乐在《战争回忆录》一书中，曾比较过"一战"期间法国著名的政治家、素有老虎总理之称的克莱孟梭与当时的法国总统普安加雷的性格差异。戴高乐认为，同样作为对德强硬派，克莱孟梭[①]性格刚毅，敢"冒天下之大不韪"，有强烈的抗压能力，更像法兰西民族的伟大领袖。

一、"二战"期间抵抗纳粹侵略法国紧急关头时的远见坚守

1940年6月18日，当戴高乐在BBC发表讲话，一个人举起反抗纳粹德国侵略的旗帜时，就意味着他与法国贝当政府的必然决裂，而贝当政府是法国的合法政府，其与德国媾和得到了法国政界和民众的"广泛支持"。因此，戴高乐此举不仅是与法国政府决裂，对法国社会各界和民意来说也是"众叛亲离"，是名副其实的"自绝于国家和人民"。

20日，法国以贝当为首的维希政府勒令戴高乐悬崖勒马，尽快返回法国听候处置。

30日，法国维希政府军事法庭判处戴高乐死刑，没收全部在法家

[①] 乔治·克列孟梭（Georges Clemenceau，1841—1929），素有"法兰西之虎"或"胜利之父"之称，法国政治家，主张对德强硬，曾在1906—1909年和1917—1920年两次出任法国总理。

产，戴高乐顿时成为法国人民的"头号公敌"。

与此同时，戴高乐发出《告法国人民书》已经12天了，在法国，绝大多数人并没有听到戴高乐的广播，而在伦敦，听到BBC广播的法国侨民们，心中也在纠结究竟是移民美国、到法属北非或其他殖民地谋生，还是返回法国。人们并没有在第一时间对戴高乐的抵抗事业显示出任何热情，那位积极撮合"法英联合政府"的莫内先生选择回到美国，至于那些驻伦敦的法国外交官们，以及在伦敦工作的法国政府其他部委的高级官员们，都一致倾向于先回巴黎向贝当政府报到，看看情况再说，甚至拥有2万海军的法国海军元帅和拥有5万法军的戴高乐圣西尔军校的同届同学，也都选择远离戴高乐的抗德事业。

即便是戴高乐设法联络到了在英国的法国政府军士，带队的法国军官也会明确地警告那些军士，他们可以与戴高乐一起抗击德国，但在法律上，他们作为军人已犯下了"叛国罪"。

尽管如此，孤军奋战的戴高乐仍坚持给法军驻北非司令、法国海军上将及所有他认为能够率领法国进行抵抗的军方领袖们写信，表示为了抗击纳粹德国，他本人愿意放弃领导权，作为支持者加盟抵抗大业，但均杳无音讯。

如此千辛万苦，戴高乐的"自由法国"也才招募到1200人，其中200人还是在英国养伤的法国士兵。

在招募过程中，法国政府军的官兵对戴高乐的反应冷淡且不说，就连英军官兵对戴高乐的做法也不屑一顾。首先，这些英军从骨子里瞧不起不堪一击的法国人，其次，英军负责与法军联系的官员甚至认为戴高乐妨碍了他们的正常工作。

在国际方面,美国、苏联、梵蒂冈、加拿大、南非等国家继续保留驻法国的使节,更过分的是,英国政府也继续保留法国驻伦敦的大使馆,保持与在英法海军将领之间的工作沟通。

总之,世界各主要大国,包括在英国的法国政府军官,都与维希傀儡政府保持联系,"众叛亲离"的戴高乐只能通过个人的力量,不仅要对抗维希傀儡政府的国家意志和强大的国家机器,也要与国际社会中为了各自利益而无视戴高乐正义事业的政治势力做斗争。

二、在阿尔及利亚内战引起法国内乱时的坚守

1958年5月31日,戴高乐接受总统科蒂任命,再次出面组阁并担任政府总理,但当戴高乐顺应历史潮流和法国最高国家利益,决定对阿尔及利亚阿拉伯人的独立呼声给予正面回应时,那些坚持阿尔及利亚属于法国的欧洲人后裔对此非常失望,部分法国军人甚至发动武装政变,公然挑衅戴高乐,其中极右组织更是对戴高乐实施了五次之多的暗杀活动。

1962年8月22日,暗杀戴高乐的"小克拉曼镇刺杀案"震惊了整个法兰西。

当晚8时许,戴高乐离开爱丽舍宫到巴黎西南20多公里处的维拉库布莱空军基地,准备坐直升机回科龙贝双乡间别墅。

8时20分,在一个叫"小克拉曼镇"的地方,戴高乐的车队遭到恐怖分子的伏击。这个名叫夏洛蒂·科黛的暗杀计划,用的是当年刺杀法国大革命时期雅各宾派的代表人物马拉的吉仑特派女子夏洛蒂·科黛的名字,表明行刺者就是要像当年刺杀马拉一样除掉戴高乐,以抵抗戴高乐对阿尔及利亚的政策。

执行此暗杀计划的是约巴斯蒂安－蒂里上校，其一伙共12人，配备自动武器、炸药和4辆汽车。

戴高乐在《希望回忆录》中记载了此次恐怖袭击的过程。

1962年8月22日，在小克拉曼，在我与我的妻子、我的女婿阿兰·德布瓦西和驾驶员弗朗西斯·马鲁一起坐车到维拉库布莱空军基地的路上，我们乘坐的汽车突然陷入了精心组织的伏击之中：一伙恐怖分子用自动武器向我们近距离疯狂扫射，然后又跟在汽车的后面继续追击扫射。他们向我们连续发射150多枚子弹，其中14颗击中了我们的车辆。但是真的不可思议！我们都没有受到影响……①

在戴高乐率领法国人民实现"法国梦"的一生中，他遭遇的生命危险可谓难以计数，即便是这样，也没有动摇戴高乐解放阿尔及利亚的决心，最终在1962年7月3日，阿尔及利亚迎来了它的独立之日。

▌讨论│远见的确立

我们从戴高乐献身法兰西民族复兴的一生中可以发现，戴高乐远见的确立源于其践行法兰西"一种想法"的使命感。

戴高乐倾其一生为法兰西对人类的"一种想法"充当不懈的宣讲者和传播者，而正是这个法兰西的"一种想法"驱使着戴高乐率领法国人民在20世纪上中叶前仆后继，实现了伟大的复兴事业。

---

① 夏尔·戴高乐. 希望回忆录［M］. 希望回忆录翻译组，译. 北京：中国人民大学出版社，2005.

戴高乐领导力与大变局时代的启示

在现实生活中,远见的确立是伟大人生和事业的前提,这在商业生活中也不例外,许多企业正是因为创始人的远见卓识而成为世界著名的企业。

然而,一个伟大的想法的产生较之于对这种想法的坚守容易得多,许多人在创业时踌躇满志,但在困难和挫折的考验下,留下的却是"行百里者半九十"的冷酷的现实。

案例

任正非的远见坚守

1987年9月15日,43岁的任正非在深圳注册成立了华为技术有限公司。此前,他在国企南油集团工作,因做生意经验不足被骗200万人民币,当场被企业除名,妻子此刻又提出离婚。任正非背负着200万元债款,带着父母、弟弟、妹妹住在深圳棚屋里,苦不堪言。他找朋友凑了2.1万元创建华为,就是为了挣钱还债,养家糊口,但他还是给公司起了一个非常响亮的名字"华为",寓意"中华有为"。

然而,华为的创业过程并没有起名字那么容易,通信市场激烈的竞争与领导者的远见、志向和人文情怀并没有直接关系,市场要的是产品,企业要的是利润。

在华为代理香港鸿年公司的HAX交换机产品期间,富有远见的任正非不仅看到了中国电信行业对程控交换机的需求和整个市场被跨国公司把持的残酷现实,更是透过这样的现象敏感地意识到打造民族产业，改变中国通信设备依赖进口的现状的必要性及其广阔的市场前景，并由此立下"技术创业"的华为企业基因。

1991年9月，华为租下了广州宝安县（今深圳市的前身，1993年撤销县制，设宝安、龙岗两区）蚝业村工业大厦三楼，开始研制程控交换机。

最初公司员工仅50余人，公司办公室既是生产车间、库房，又是厨房和卧室，十几张床挨着墙边排开，床不够，在泡沫板上加床垫代替，任正非与所有员工的吃住都在里面，累了在床垫上睡一会儿，醒来再接着干，这就是后来华为的"床垫文化"。

在产品研发过程中，任正非站在五楼会议室的窗前对全体员工说："研发成功，华为发展；研发失败，我从楼上跳下去。"

此番豪言，何等悲壮！

1991年12月，一批3台BH-03交换机包装发货，用户非常满意，华为很快得到回款，而当时华为全公司现金已濒临断流，企业离破产只有咫尺之遥。

1992年，华为的交换机批量进入市场，当年产值即达到1.2亿元，利润过千万，华为出现了转机，后来的故事大家都很熟悉了。尽管今天的华为已是世界通信领域最大的设备制造商、全球5G通信领袖和世界500强企业，但华为基因中的苦难文化或这种由苦难而撑起来的韧性使华为在中国企业界形成了一种与众不同的"狼文化"。

这就是为什么华为在思考问题时较之于中国其他企业更为悲壮，关心的也总是"下一个倒下来的会不会是华为"这样关乎生死存亡的

戴高乐领导力与大变局时代的启示

问题。

2018年,华为全球销售收入达7 212亿元人民币(约合1 070亿美元),成为中国首家年营收破千亿美元的硬件公司,但同样在这一年,华为的命运出现了重大变化,它遭受了来自美国史无前例的残酷打压。

美国政府担心华为在世界通信设备制造领域的领先地位动摇美国的世界霸主地位,在华为的5G技术成为世界公认的领先技术后,美国政府对华为的打压也已从幕后走向前台,而借口不是华为与中国军方关系密切,在设备中为中国情报部门预留窃听的"后门",就是华为违反美国禁止与伊朗进行任何业务合作的相关法案。

2018年4月,美国司法部与美国财政部海外资产控制办公室、美国商务部因华为违反所谓美国对伊朗、朝鲜、叙利亚和委内瑞拉经济制裁的行为而联合调查华为。

5月,美国商务部把华为等70家中国关联企业列入"实体清单",并要求美国公司对华为"断供"半导体元器。

12月1日,加拿大警方应美国司法部要求逮捕了在温哥华过境的任正非长女、华为副董事长兼首席财务官孟晚舟。美国司法部要求加拿大逮捕孟晚舟的理由是华为涉嫌违反美国对伊朗的制裁法律,并据此要引渡孟晚舟到美国纽约东区联邦地区法院接受审判。

围绕孟晚舟引渡案,三年多来,华为处在世界舆论暴风眼的同时,也处在中美外交角力之中,甚至在一定程度上陷入由美、英、加、澳、新为首的"五眼联盟"及不少欧盟国家及日本密切追随的"干净网络计划"的暴风眼之中,从而在全世界面前发生了以美国为首的部分西方发达国家竭尽全力围剿一家中国民营企业的世界工业史上骇人听闻的恶劣事件。

如果说当年任正非睡床垫，吃泡面，在产品研发时立下"不成功，便成仁"的誓言是为了企业生存的话，今天的华为在任正非领导下对以美国为首的西方国家的打压所作出的坚定反抗就是对华为全球领先的5G技术的坚守，是对华为荣誉和价值理念的坚守。

为此，华为采取了以下行动。

1. "以眼还眼，以牙还牙"，通过欧美舆论反击欧美部分国家对华为的妖魔化宣传

孟晚舟事件后，华为被推到国际舆论的风口浪尖。为反击美国政府对华为的污名化，任正非一改过去低调少言的做法，首先针对美国舆论发声，通过接受CNN、BBC、CNBC、CBS等著名电视台，以及《纽约时报》《华盛顿邮报》《财富杂志》等权威纸质媒体的专访，驳斥美国政府的各种污蔑言论，向广大美国公众说明事实真相。

其次接受欧洲媒体，如欧洲各国电视台和英国《金融时报》《经济学人》，德国《明镜周刊》，法国《观点》等的专访，强调华为是一家技术领先的国际公司，华为的5G技术将造福欧洲国家的消费者。

据深蓝财经不完全统计，仅2019年，任正非公开演讲、接受采访或撰写文章就超过200次，平均每一天半就有一次。

2. 有理、有节，真诚得体

尽管华为5G技术蒙受美国的无端污名与残酷封杀，任正非在接受欧美媒体采访时从未怨天尤人，而是冷静客观地说理，从而让欧美

公众看到了华为的格局与胸怀,看到了一个世界一流技术公司领袖的谦卑。

任正非强调,先进技术属于世界人民,希望不仅与美国公司友好竞争,更期待有朝一日双方在技术的山峰之巅相互拥抱,共同为人类的福祉而奋斗。与此同时,任正非也告诫中国公众,华为是一家民营企业,华为受益于中国的改革开放和世界经济的全球化,他希望中国公众把华为视作企业,而不要将使用华为产品与爱国主义强行关联。

3. 用"二战"时期苏联红军那架被德军的地面炮火打得千疮百孔的军伊尔-2飞机和那双充满伤痕的"芭蕾脚"来比喻华为宁死不屈的精神

华为巧妙地利用欧美的主流媒体做了一次又一次免费的影响力营销广告,但给世界公众印象最深的还是那架千疮百孔的伊尔-2飞机和那双伤痕累累的"芭蕾脚",人们从中看到了任正非和华为坚守理念的精神。

难怪美国《时代周刊》称任正非是"一个为了观念而战斗的硬汉"。

我们总结一下。

(1)如今美国政府、"五眼联盟"、部分欧洲国家及日本等无耻地联手打压华为这样一家中国民营企业,试图戕杀华为所拥有的世界领先的5G技术,其手段之恶劣与当时色厉内荏的贝当政府如出一辙。

(2)今天的任正非虽然再也不需要像当年创业时睡地铺、吃泡面和准备随时跳楼,但他面临的压力也是空前的,他不仅要承受与女儿

第二章 远见的确立

骨肉分离的痛苦，也要为美国"断供"半导体元配件及华为5G技术在欧美市场被封杀后华为的发展而忧虑。作为中国民营企业，任正非要承受的几乎是西方国家意志与国家力量的打压，而更不幸的是，这仅仅是这场艰苦卓绝的"华为抵抗运动"的开始。

（3）对任正非来说，其坚持的真理就是华为5G技术的世界领先地位，其拥有的专利远远超过第二名的爱立信和第三名的诺基亚，且华为产品性价比更强。如果不用华为的产品，欧美国家在5G通信领域就会落后于时代。如果不用华为的产品，欧美国家的纳税人就要为他们政府的选择而多花钱。

为此，任正非告诉美国媒体，世界大得很，东边不亮西边亮，不要以为美国政府向华为关闭了美国市场华为就活不下去了，到头来，受损失的还是美国市场上的广大5G用户。

因此，如果说一个伟大企业的诞生是因为其创始人的远见，那么，企业领导者对命运说"不"的能力就是对这个企业成长过程的严峻考验。

如果说企业家对命运说"不"是一个瞬间的魄力的话，那么，对远见的考验与坚守则体现在持续的抗压过程中。

在这个过程中，领导者如果没有强大的自信和责任感，就不可能有远见，而领导者之所以成为领导者就是因为有逆水行舟的韧劲，从而在压力与挑战面前不屈不挠，最终笑傲江湖。

戴高乐在《剑锋》一书中专门援引英国海军上将费舍尔在日德兰海战胜利后评价杰利科将军时的一句话："他具备了纳尔逊海军上将所

有的品德,但唯一缺少的一样东西就是不知道该如何说不。"[①] 英国首相布莱尔也说过,"领导力的艺术就是说'不',而不是说'是',说'是'是最容易的了"。

由此可见,在企业的成长过程中,领导者的远见至少与技术、融资和商业模式一样重要,然而,没有坚守下来的远见都不能称为远见。因此,在重大问题面前非凡的气魄及强大的说"不"的能力使领导者不同于追随者,从而也使其成为一个企业,一个民族,甚至一个时代的领跑者、先驱和领袖。

[①] 约翰·杰利科(John Jellico,1859—1935),英国皇家海军元帅,曾在"一战"中努力维护英国海上优势,但由于过于谨慎,使日德兰海战一场辉煌的胜利从其手中滑过,从而错失成为象纳尔逊一样伟大的英国海军领袖人物的机会。

·通过演讲分享远见
·通过荣誉激励分享远见
·通过人格魅力分享远见

第三章
远见
的分享

戴高乐领导力与大变局时代的启示

戴高乐在《剑锋》一书中指出，"今天的团队，就像很久以前的团队一样，需要一种能够将人们团结在一起，并使他们感到温暖和促进他们成长的信仰；需要一种品德，它能使每个人重新燃起理想，并通过有序的组织使他们团结在一起，并由此激发他们的热情，培养他们的才华"。①

在戴高乐的领导力学中，其远见的分享能力无疑是巨大的。没有这种分享能力，戴高乐不可能把一个人的抵抗运动变成一群人的抵抗运动，最后成为一个国家的轰轰烈烈的反法西斯抵抗运动；也不可能在处理阿尔及利亚危机时将"法国的阿尔及利亚"变为独立的阿尔及利亚。

在现实生活中，对任何组织和企业而言，仅仅靠领导者个人的远见是不够的，领导者需要将其远见与追随者分享，在分享的过程中不断地激励和感动追随者，从而让他们在一种参与感、自豪感和荣誉感的驱使下，从内心深处感到领导者的事业不是个人的，而是大家共同的事业。

---

① Charles de Gaulle. Le fil de l'épée [M]. Paris:Edition Perrin, 2015.

第一节 通过演讲分享远见

作为领导者,戴高乐向其追随者分享远见的最直接和最常用的方法就是在公众场合发表演讲。

戴高乐的演讲激情四射,掷地有声,这种充满鼓动性和雄辩力的演讲不仅成了戴高乐向法国人民讲话的特点,更成了戴高乐在其领导者的道路上征服追随者最有力的武器。

戴高乐在《剑锋》一书中专门提到演讲的技巧问题,他说,"一个活生生的人离不开手势和言语的表达。态度的重要性使伟人们在从事其伟大事业时总是刻意注意自己的形象:凯撒非常在意其在公开场合演讲时的姿势,拿破仑总是渴望其形象能够打动公众的注意力。伟人演讲时言简意赅会强化领导者的形象"。

戴高乐的讲话稿都是其亲自撰写的,从不需要他人代笔。在戴高乐看来,最能了解他想法的莫过于他自己。戴高乐的演讲言之有物,且言简意赅、思想深刻,在很多场合的演讲还是即兴发挥,没有稿子,将政治演讲转变成一种谈心和思想交流,从而大大拉近了他与追随者的距离。

一、充满激情的演讲风格

1940年6月17日,戴高乐将军只身飞赴伦敦,开始其史诗般的反法西斯抵抗运动。但戴高乐势单力薄,整个法兰西民族笼罩着严重的失败主义情绪,从军方到普通老百姓,希望继续与德国作战到底者寡,希望与德国媾和者众。在此情况下,戴高乐需要通过他的激情、信念和坚如磐石的决心来唤醒法国人民，而最好的办法就是向法国人民发表广播讲话，这就是 1940 年 6 月 18 日戴高乐在 BBC 发表的《告法国人民书》，其内容如下。

多年来一直担任法国军队领袖的人已经组成了政府，这个政府声称我们的军队战败，已经和敌人取得了联系，以便停止战斗。事实上，无论是在地面还是在天空，过去还是现在，我们都被敌人的机械化部队压倒。迫使我国军队撤退的是德国人的坦克、飞机和战术，而不是我们人数不足。正是德国惊人的坦克、飞机和战术让我国的领袖们落到现在这种不幸的地步。

但这是最终的结局吗？我们是否必须放弃一切希望？我们最终是否战败了？我对这些问题的回答是：不！

相信我吧，我是基于对于事实的充分了解在说话，法国的事业没有失败，使我们失败的那些因素，终有一天会使我们转败为胜。因为，你们要记住，法国并不孤单。它并不孤单！它并不孤单！在他身后是一个广大的帝国，它可以跟大英帝国结盟，控制海洋和继续战斗，还能够充分运用美国无限的工业产业。

战争并不局限于我们这个不幸的国家，法国战役的结果不代表这场战争的结束，这是一场世界大战。所有的错误，所有的延误，所有的痛苦，都无法改变一个既成的事实，我们来日粉碎敌人所需要的一切依然在世界上存在着。今天我们被机械化实力的无情力量击败了，但是我们还能够瞭望未来，更加强大的机械化实力将给我们带来胜利，世界的命运就取决于此。

我是戴高乐将军，我现在在伦敦。我向目前在英国土地上和将来可

第三章　远见的分享

能来到英国土地上的持有武器和没有武器的法国官兵发出号召,我向目前在英国土地上和将来可能来到英国土地上的军火工厂的一切工程师和技术工人发出号召,请你们和我取得联系。无论发生什么事情,法国抵抗的火焰都不能熄灭,也绝不会熄灭。明天,我将再次在伦敦广播。①

在这几分钟的讲话中,戴高乐将抵抗德国纳粹上升到捍卫法兰西民族荣誉、尊严和国家利益的高度,指出法国人在任何情况下都不该成为德国法西斯的附庸。

戴高乐充满激情的广播声音,犹如一道闪电划破漆黑的夜空,在法兰西民族历史上最黑暗的时刻燃起了一盏希望的明灯,而戴高乐将军的名字也从此写进了历史,成为法兰西和世界所有受纳粹力量侵略的国家的人民争取国家独立,反抗纳粹暴行,争取自由、民主和解放的力量的象征。

二、使用诗一般的煽情语言

戴高乐在BBC发表著名的《告法国人民书》演讲四年后,巴黎获得解放。

1944年8月25日,戴高乐行进在著名的巴黎香榭丽舍大街上,200多万巴黎市民涌到街头,他们用眼泪和鲜花欢迎这位伟大的法兰西民族解放者的凯旋。

戴高乐与其抵抗运动的战友们漫步在香榭丽舍大街,频频向激动万分的巴黎市民致意。他来到巴黎市政厅,并向聚集在那里的法国民众即席发表了慷慨激昂的演说。

---

① 戴高乐基金会.告法国人民书 [EB/OL].https://www.gouvernement.fr/partage/8708-l-appel-du-18-juin-du-general-de-gaulle.

戴高乐感慨,短短的四年时间,法国就"城头变换霸王旗"。巴黎还是原来的巴黎,不同的是德国侵略者已被赶跑,巴黎民众又成为城市的主人,巴黎民众又可以呼吸自由的空气,生命将不再受纳粹铁蹄的蹂躏和戕害。

于是,戴高乐饱含热情地发表了如下演讲。

巴黎愤怒了!巴黎被摧毁了!巴黎殉难了!但巴黎又被解放了!巴黎是被它自己解放的,它的人民在法国军队的帮助下,在全法国、在战斗法国、在唯一的法国、在真正的法国、在永远的法国的帮助下,它被解放了!……所有法兰西的儿女们要手拉手、如同兄弟姐妹一样向着法兰西的目标前进。法国万岁!

戴高乐几乎是用诗一样的语言,准确、高雅,同时又充满悲怆、苦难和喜悦地向支持者们自豪地回顾了这段法兰西民族难忘的历史,并颂扬了法国人民不畏强暴和不屈不挠的民族精神。

三、一语双关,充满智慧

1958年5月13日,戴高乐在法国政坛沉寂12年后临危受命,出任临时政府总理,其上台的第一天就把找到阿尔及利亚问题的解决方案视作施政的重中之重。

然而,戴高乐非常清楚,他之所以能够复出就是因为军方、阿尔及利亚法国人和本土法国人都希望他能像当年从德国法西斯手中夺回法国一样,也从那些阿尔及利亚的分裂分子的手中夺回阿尔及利亚,让它继续保留在法国领土内。

是年6月4日,戴高乐首次以政府总理的身份视察阿尔及利亚,面对上百万名专门前来欢迎他的阿尔及利亚法国人和阿拉伯人,他在法国总督阳台上说了一句非常著名的话:"我理解你们。"

戴高乐这句话非常短,但非常经典,也是其政治生涯中最著名的政治演讲之一。在这里,戴高乐所说的"我理解你们",既是对阿尔及利亚法国人讲的,也是对当地阿拉伯人讲的,大家混杂着在广场上聆听戴高乐的讲话,但无论是前者还是后者,他们又均"各取所需",将戴高乐这段话视作与他们进行的心灵交流,将戴高乐视作他们的知音、天使和拯救他们于危难之中的英雄、大救星。

对广大戴高乐的追随者和支持者来说,戴高乐如此委婉、深情又充满外交的语言,再加上他的个人魅力,使他们确信,戴高乐来到阿尔及利亚,就是来帮助他们的,戴高乐就是他们的人。

对于广大阿尔及利亚的阿拉伯人来说,这句话可以解读为戴高乐已经听到了他们民族自决的诉求并给予了理解。因此,他们便能更理性地与戴高乐将军领导的新政府对话。

在这种特殊的环境中,我们很难想象还有更好的语言,能如此安抚民意,稳固领袖与追随者,以及法国新政府与阿尔及利亚阿拉伯人的关系。

四、坚定不屈,使命第一

由于20世纪60年代末法国和整个西方世界经济增长速度缓慢,各种社会矛盾开始显现,特别是受中国政治形势的影响,1968年5月,在巴黎爆发了一场由索邦大学学生罢课引起的,由法国工人阶级积极参与的全国性的轰轰烈烈的群众反政府抗议运动,史称"五月风暴"。

面对游行抗议的学生,法国警察一开始就进行武力干预,导致数百名学生受伤和600余名学生被捕。学生抵抗运动后来演变成由法国工人阶级支持的全国性大罢课、大罢工,全国海陆空交通、电信全部中断,生产停顿,全国陷入一片混乱。

5月29日,戴高乐通过总统府秘书长宣布取消当天的内阁会议,坐直升机回到了乡下别墅科隆贝休息。

然而,就在飞机升空后不久,戴高乐突然命令飞机飞往法国在德国的军事基地巴登巴登看望其老部下马絮将军。在马絮将军的回忆录里,他曾表示戴高乐对巴黎的学生运动非常失望,认为在法国共产党的推波助澜下,法国已陷入混乱,他本人也已失去法国人民的支持。马絮劝戴高乐,告诉他参加游行的人是少数,大多数法国人还是支持戴高乐的政策的,他强烈劝说戴高乐要坚持住,并重申军队和人民是站在他身边的。

戴高乐与马絮午餐后就飞回其乡下别墅科隆贝,在第二天发表了具有历史意义的5月30日广播讲话。

作为国家和共和制度合法性的拥护者,我在过去的24小时中一直在考虑所有可能发生的情况,以确保捍卫这种合法性。现在我的决定已作出,我决不退出。我受人民的委托,我要把我的任务完成好。我不会撤换总理的,总理的品质、牢固的地位和能力值得我们向其表示敬意。他将向我提出其认为有必要的政府改组建议。

今天,我在此宣布解散国民议会。我向全国人民提议以公投的方式表达他们对我们的经济和大学进行深刻改革的看法,并同时说出他们是否依然还对我保持信任,而这样的方法只能是一种,即民主的手段……①

---

① 戴高乐1968年5月30日的演讲 [EB/OL].https://www.lepoint.fr/video/discours-de-charles-de-gaulle-le-30-mai-1968--09-05-2018-2217039_738.php.

面对街头持续的大游行,戴高乐说:"不!共和国不会退位,人民将团结起来。进步、独立与和平将和自由一起取得胜利!共和国万岁!法兰西万岁!"

果不其然,在戴高乐讲话后的第二天,100多万法国人民从全国四面八方来到巴黎,他们纷纷声援戴高乐,强烈要求戴高乐继续执政,并要求他立即采取果断措施恢复法制,让法兰西民族和法国各界人民重回以前的正常生活。

说来奇怪,戴高乐这样一篇讲话,居然让法国的民意产生了180度的大转变,戴高乐没有用一兵一卒,这场由法国学生和法国左翼政党所推动的反政府"五月风暴"就这样烟消云散了……

第二节　通过荣誉激励分享远见

美国总统罗纳德·里根说过:"最伟大的领袖不一定是那个做最伟大事情的人,而是使人民做最伟大事情的人。"

在现实生活中,领导者分享远见最直接的办法不仅是自己为某种伟大的事业身体力行,还要以荣誉和理念去激励更多的追随者,与他们一起实现一个共同的目标。

拿破仑说过,"不想当将军的士兵不是好士兵"。因此,让士兵在参与的事业中经受考验,不断在摔打中成长为将军就是对士兵最好的激励。

一个伟大的领导者必然是一个伟大的鼓动者、激励者,如果一个

戴高乐领导力与大变局时代的启示

领导者能让成千上万的追随者心甘情愿地为其服务，荣誉激励则是其中最有效的办法。通过各种有形和无形的手段和机制，让追随者感觉到他们是为自己而战，为荣誉而战，为理想而战。

1940年9月25日，戴高乐参与指挥的英法联军攻打塞内加尔首都达喀尔的战役受挫，这次英法海军的主动出击未能产生像法属赤道非洲的战役那样的效果，达喀尔的法国维希政府守军并未顺利归从"自由法国"，这使戴高乐意识到他所领导的法兰西人民的解放道路将是漫长的。

正是基于这种情况，1940年11月16日，在刚果城市布拉柴维尔，戴高乐决定创建一种叫"解放勋章"①的勋绩制度，以吸引和奖励那些为解放法兰西民族而做出特殊贡献的人或集体。

一开始，戴高乐曾想将这枚勋章称为"解放十字勋章"，但戴高乐的战友、法学家卡辛②认为，"自由法国"中还有许多信仰伊斯兰教和犹太教的抵抗战士，勋章的定义不应该让人联想到基督教的十字表达上。为此，戴高乐将此勋章命名为"解放勋章"。

1941年1月29日，布基拉德、费利克斯③等五位抵抗领导人首先

---

① 解放勋章（l'Ordre de Libération）是戴高乐将军为表彰法国抵抗运动的英雄们所专门设立的荣誉勋章，它只有一个叫"抵抗运动战友"的等级，勋章地位仅次于拿破仑所设立的法国荣誉军团勋章。"二战"结束后，由于历史使命结束，此勋章被戴高乐终止。
② 勒内·卡辛（René Cassin，1887—1976），法国法学家，早年参加戴高乐的"自由法国"运动，1946—1968年任法国驻联合国代表，是《世界人权宣言》制定者之一和联合国教科文组织创始人之一，1958年参与法国"第五共和国宪法"的起草工作，1965—1968年任欧洲人权法院院长，1968年获诺贝尔和平奖。
③ 亨利·布基拉德（Henri Bouquillard，1908—1941），"自由法国"空军飞行员，参与英国空军的伦敦空中保卫战，在1941年3月11日的一次空战中，他驾驶的战斗机不幸被德军击落而英勇牺牲。费利克斯·埃布（Félix Eboué，1884—1944），法国殖民地第一个黑人总督，是戴高乐"自由法国"最早的支持者之一，死后骨灰被移入贤人祠。

获得此勋章,而这五位战友同时也组成了"解放勋章"首届理事会成员,此后他们五人虔诚地维护着这一勋绩制度的健康运行。

为鼓励广大法国人民投身到轰轰烈烈的抵抗运动中去,戴高乐明确要求勋章的获得者不应该有任何年龄、性别、职级、血统甚至国籍的要求,获得此勋章唯一的要求就是为法兰西的自由解放做出了卓越贡献,而这种贡献也可以在战场以外。

1941年1月至1946年1月,在四年多的时间里共有1 038人获得此勋章,其中包括英勇牺牲的65人、战后追认的260人、三军18支部队,以及包括巴黎在内的法国的五个城市。

1946年1月,鉴于法国全国已经解放,设立勋章的目的已经达到,特别是戴高乐将军本人将离开政府内阁,戴高乐于是签署法令终止了"解放勋章"。但在后来有两次例外情况,一次是1958年戴高乐将勋章授予了来访的英国前首相丘吉尔,另一次是1960年戴高乐为纪念已故英国国王乔治六世而授予其勋章。

"解放勋章"由戴高乐的"自由法国"自行设计,并由法国著名珠宝商卡地亚伦敦分公司生产。勋章上面有一个象征"自由法国"的图案标识洛林黑色十字架,绶带用黑绿双色,黑色表示"自由法国"对遭受德国纳粹入侵压迫的法国人民的哀悼,绿色表示对光复祖国的希望。

解放勋章

在十字架的后面是一个盾牌,上面刻有拉丁语"效忠祖国、赢得胜利"（Patriam Servando-Victoriam Tulit）。

戴高乐将军是此勋章的创始人，也是唯一的"大师"（grand miaître）。他从设立勋章的那一刻起，就将此作为表彰抵抗运动战士的特殊荣誉，作为勋章最高级别"大师"的获得者，他本人在法兰西共和国总统官方照片上佩戴的就是此勋章，而不是由拿破仑所创建的荣誉军团勋章。

"解放勋章"是戴高乐的一大发明，他利用法国勋章制度的传统与文化，通过授勋来激励法兰西儿女抵抗纳粹侵略。但这个"解放勋章"制度又有别于其他官方的勋章制度，它是一个全新的，完全为戴高乐所领导的抵抗运动的英雄们所设计的，受表彰者都是对抵抗运动有杰出贡献的人。

为此，戴高乐对受勋人员要求非常严格，他曾在回忆录中写道，"我经常接到各种候选人提名，尽管他们在战斗中非常勇敢，为'自由法国'做出过重要贡献，但由于此勋章的特殊要求，我不能接受这些提名的候选人"。

正是在戴高乐的英明领导下，在荣誉和尊严的激励下，一批又一批的法国仁人志士从被占的法国领土历经艰险来到伦敦，他们不畏艰难和牺牲，为法兰西的解放作出了不朽贡献。如比尔哈凯姆战役指挥官、"自由法国"军团第一旅柯尼希准将和法国抵抗运动领导人让·莫兰①，这位曾经的维希政府省长，为了反击法西斯来到伦敦，投奔戴高乐，并为戴高乐所领导的"自由法国"抵抗运动献出了宝贵的生命。

---

① 让·莫兰（Jean Moulin，1899—1943），法国全国抵抗运动委员会领导人，在他的努力下，分散的法国抵抗运动得以统一在戴高乐领导之下。1943年6月其在里昂遭盖世太保逮捕并在严刑拷打下不幸牺牲。

戴高乐在《希望回忆录》中写到他在家中如何给莫兰授予"解放勋章"的情形。戴高乐说,"我在我的汉普斯公馆举行授予他'解放勋章'的仪式,没有任何仪式比这个仪式更加动人的了"。

应该看到,在戴高乐艰难的反法西斯斗争事业中,勋章的设立对激励广大的法国热血青年和各界人士的反法西斯斗志发挥了重要的作用。

戴高乐在没有任何法国政府机构支持的背景下,在没有任何经费,没有强大的军队作靠山的情况下,将一批又一批的法国青年男女吸引到伦敦,为抵抗运动前仆后继,并献出他们的青春热血甚至宝贵的生命,其中荣誉的激励作用至关重要。

第三节 通过人格魅力分享远见

德国哲学家、社会学家韦伯说过,"有魅力的个人品格具有某种个性化的特质,这种特质使他与普通人区别开,其被赋予超自然的、超人的或至少是非常特殊的超级能力或超级特质,而这些都是普通人不具备的,其被认为来自神或被视作顶礼膜拜的榜样,在这些基础上的相关个人才被视作领导者"。

美国管理学家豪斯[①]在1977年就曾提出魅力型领导者的概念,他认为那些充满自信、信任下属并以身作则,处处为下属树立榜样、明显

---

① 罗伯特·豪斯(Robert House),美国组织行为学教授,最先提出领导方式的路径—目标理论,该理论也是当今领导力学研究中最受关注的观点之一。

具有理想化和强烈个人风格的领导者是最受员工欢迎的魅力型领导者。

豪斯认为,由于魅力型领导者有极强的目标表达能力、坚定的信念和强烈的个人风格,因此成为领导者中的典范。

无论是从韦伯所强调的有魅力的个人品格,还是从豪斯所描述的"魅力型领导者"的角度看,戴高乐都是一位魅力四射的领导者。他通过自身塑造的形象,给全体法国人讲了一个法兰西民族复兴的故事,并以其独特的人格魅力和娓娓道来的叙事方法,在激情、梦想和荣耀的加持下,让所有的法国人心甘情愿地与他一道完成一项事业。

我们一起来看看戴高乐的传奇人生是如何呈现在其追随者面前的。

1940年6月17日上午,戴高乐与以贝当为首的法国投降派当局决裂,只身飞往伦敦。

6月18日,他通过BBC发表历史性的《告法国人民书》。因此在法国,人们常用"6月18日的呼吁者"(l'Homme de 18 Juin)亲切地称呼戴高乐。

四年后的1944年,戴高乐重返巴黎,给法国人民带来了解放,给法兰西民族带来了独立、尊严和大国地位。

1946年1月,戴高乐因在对国家治理模式的看法上与传统政党发生分歧,毅然决然地挂冠而去,一去就是12年。

这12年来他著书立说,隐居乡野,远离都市繁荣与各种政治旋涡,过着一个普通平民的生活。

1958年5月,因国家命运的召唤,戴高乐再次在法兰西民族危难之际挺身而出,不仅使法国摆脱了阿尔及利亚内乱的纷扰,而且使法国逐渐走上经济繁荣、国家强盛之路,并在国际舞台上成为美苏以外的第三种声音。

1969年4月28日，因"参议院改革法"在全民公投中未获得半数票而被否决，戴高乐平静地跟法国人民告别，从此告老还乡。

戴高乐的人生就像一部电影，跌宕起伏，但所有的剧情都是围绕着法兰西的复兴而推进的。每次在国家陷于危难时，戴高乐的激情、自信、愿景及强烈的个性化表达方式就像磁铁一样吸引着法国人民，绝大多数法国人相信戴高乐就是一个与众不同的伟人，是上帝派来的，是为拯救法兰西命运而来到这个世界的人。

从1940年BBC振聋发聩的广播，到四年后在巴黎市政府广场悲怆的即兴演讲，到1961年对部分法国将领参与阿尔及利亚武装叛乱声色俱厉的谴责，再到1968年针对"五月风暴"的广播讲话，戴高乐始终不辱人民交代的使命。

有意思的是，戴高乐每次讲话后都像神灵再现一般，一切问题都会迎刃而解。

于是，在法国，当人们遇到难以解决的问题时，总希望戴高乐能够出现在他们身边，用他特有的语调和手势，告诉法国人"你们不要着急，有我呢。"

显然，戴高乐的这种领导力在其他同时代的领导人中是少见的。戴高乐身上的这种神秘感和个人魅力多多少少有戴高乐刻意营造的原因，这就是为什么戴高乐特别重视演讲的方式方法和遣词造句的学问，也特别注意他与下级的关系，还特别注意在一些具有象征意义的历史节点上突出自己的存在。

戴高乐为什么要在法国人心目中营造这样一种"迷"一般的领袖

形象呢？他在《希望回忆录》中是这样写的。

> 我既没有世袭（君主）的权利，也没有通过议会选举，而只是受了法兰西无声的呼唤。我之所以担当最高职务，只是因为从那时起，我被人们公认为法国的拯救者。这个除了宪法和文字的规定以外，对于大家，对于我自己也是一个必须重视的事实。无论如何，法国人总是要找戴高乐，他们等待他来解决他们的问题，对他表示信任，或者向他提出批评。若要证实他们的希望或失望，都要由戴高乐来负责，你只需听一听他的演说、谈话，读一下报纸。在这方面，我感到维护国家利益的权利和义务，好像是我生命固有的部分。①

同样，戴高乐在《剑锋》中对那些具有人格魅力的领导者做过如下描述。

> 面对一个重要事件，有性格的人只会求助他自己。他给他所采取的行动带上他自己的烙印，向自己负责，并使这样的行动成为他自己的事情。他不仅没有远远地躲在上级领导之后，相反，他首先挺身而出，站立起来，面对挑战。

> 他有一种意志所驱使的热情，一种对别人决策的嫉妒。他并不是不知道行动所带来的风险或故意要挑战各种后果，相反，他用自己的诚意来衡量这样的后果，并毫不掩饰地予以接受。更可贵的是，他是以主人翁的自豪来拥抱自己的举动，因为是他采取的行动，这样的行动就归属于他。简而言之，一个摔跤手是在角力中发现自己的热情和行动的支点，一个球员寻求的不是单纯自己的进球数而是整个比赛的胜利，而有性格的人如同是用自己的钱财来偿还债务，他给行动本身

---

① 夏尔·戴高乐.希望回忆录 [M].希望回忆录翻译组,译.北京：中国人民大学出版社，2005.

赋予了高贵。

美国前总统尼克松曾说戴高乐在法国公众心目中形成了一个谜，一个救世主的传奇故事，而这个谜既是公众对戴高乐的普遍看法，也是戴高乐刻意在公众心目中塑造的一种个人形象。

■ 讨论 | 远见的分享

在现实生活中，领导者需要通过各种方法与其追随者分享远见，有的领导者以其雄辩的口才，有的通过荣誉激励，有的则通过特有的人格魅力，让支持者心悦诚服地接受他们的理念和领导。然而，不管领导者使用何种方法，其最终的结果就是要感动追随者，从而使追随者与领导者一起为一个共同的目标奋斗。

拿破仑曾说过，"领导者是美好理想的经销商"。从各个角度看，戴高乐就是这样一个美好理想的经销商。他在法兰西民族最危险的时候，激励和动员了一批又一批法国人追随于他，甚至到了凡是戴高乐说的都是对的，都要无条件支持的地步。因为戴高乐领导的正确性不仅取决于其魅力四射的人格，也是法国现代历史所证明的事实。

在现代管理学中，人们一直在致力研究那些充满人格魅力的企业家为什么更容易获得商业上的成功。为此，马克斯·韦伯在其《经济与社会》一书中提出了魅力型领导者的概念，将基于"超凡的个人特质、神奇的洞见或成就，并吸引跟随者尽忠和服从"的领导者定义为魅力型领导者。

在企业经营中，有智慧、有能力的领导者并不少，但真正能够领

戴高乐领导力与大变局时代的启示

导企业走向成功的却并不多见。原因无非两点，一是企业的创始人没有把愿景分享清楚，二是激励机制不到位，从而让追随者们感到企业的成功与否与他们没有直接的关系。

案例

任正非的远见分享

华为团队之所以能够从最初几人、几十人、几百人，发展到今天全球20万员工，奇迹的背后既是任正非愿景分享的奇迹，也是其所倡导的华为远见分享机制的奇迹。

一、对企业发展的独特远见能力

任正非高瞻远瞩，其远见的分享首先体现在他对华为发展前景的历史把握上。

在早期为香港公司当产品代理的几年中，任正非敏感地预见到打造民族通信设备产业的国家需要及其广阔的市场前景，于是，1991年9月，他率领团队在宝安县蚝业村工业大厦开始研制华为自有知识产权的 C & C08 机程控电话交换机。

两年后，C & C08 交换机研发获得成功，价格比国外同类产品低 2/3，华为一举占领了市场。

1994年，刚刚在中国电信市场站稳脚跟的任正非就向华为员工立下豪言壮语："10年之后，世界通信行业三分天下,华为将占一分。"

首先,在市场拓展的路径选择上,任正非首先提出从中国农村市场开始,确定了"农村包围城市"的中国市场准入战略;其次,将华为市场拓展的重点放在海外,特别是在东南亚、非洲和拉美等发展中国家,从而避免了与诺基亚、爱立信等世界通信巨头在中国市场和发达国家市场的正面交战。

任正非这一极富远见的市场战略路径选择使华为很快从深圳的一个"小作坊"企业一跃成为世界第一大通信设备制造商。

二、在领导者与追随者之间做到利益共享

任正非在总结华为短短数十年里取得的巨大进步时说过一句极为朴实又高度概括的话:"华为成功,是因为分钱分得好。"这里的分钱就是指企业领导者与员工的利益共享。华为的员工从企业每个阶段的进步中均能得到实惠,这充分调动了员工的积极性,使他们产生了归属感、使命感,将自己视作企业的一部分,是企业的主人。

为此,员工持股制度也成为华为"获取分享制"制度设计的核心。

任正非作为企业创始人,自己却只拿1%的股份,把99%的股份留给团队。除了给员工优于同行业的薪酬外,这样的分红制度无疑成为华为克敌制胜最有效的"秘密武器"。其规定任何在华为工作满三年的员工都可以拥有公司股权,获得股份红利,从而使华为成为中国独一无二的员工控股企业,获得企业进步的好处。

因此,对华为员工来说,工资只是零花钱,高额的奖金和分红才是大头,而正是华为"人人做老板,共同打天下"的激励机制使华为员工的工作主动性特别高,人人将华为视作自己的企业,将任总的事

戴高乐领导力与大变局时代的启示

业视作他们自己的事业。

三、荣誉激励

如果我们将华为的成功简单地理解为分钱的成功的话，我们就小看了华为20万员工的觉悟及他们的荣誉感和使命感了。

军人出身的任正非非常了解员工的事业需求、荣誉需求，了解马斯洛需求层次理论中人的"自我实现"与"自我超越"的最高需求。

在华为内部，各种荣誉激励比比皆是，如华为设立的蓝血十杰、明日之星、金牌员工、从零起飞奖、天道酬勤奖、战略项目奖、最佳销售项目奖、区域能力提升奖、竞争优胜奖、战略竞争奖等，林林总总100多个，堪称中国企业之最，甚至可以申请吉尼斯世界纪录。这些奖项的实质就是要从不同角度激励员工热爱华为、献身华为，发展事业。

任正非的远见分享可以总结为以下三点。

（1）任正非所倡导的远见分享首先是对企业发展前途和愿景的分享。在极其困难的企业初创时期，任正非就有伟大的理想，要将华为打造成世界通信设备制造商三强之一，要让华为从一个中国的"小作坊"企业成长为叱咤风云的世界级大企业。

（2）华为建立员工股份制，让员工与老板一起打天下、坐天下，通过利益共享，调动员工的积极性，让他们在分享企业进步成果的过程中树立起企业的主人翁意识，把要我干好变成我要干好。

（3）通过荣誉机制激励员工，使员工在为华为服务的同时找到人生目标，实现自我价值。

在现代管理学中，这种领导人的激励与感动能力被认为是领导人情商的反映。

美国著名的人际关系学大师、西方现代人际关系教育奠基人卡耐基曾说过:"一个人的成功,只有15%靠他的专业知识,而85%要靠他良好的人际关系和处世能力。"一个伟大的企业领导者必须是一个情商极高的人,他不仅是造梦者,也是美梦经销商,更是不停地给追随者讲述"梦想之美",不停地用激励、奖励和人格魅力让追随者与其一起造梦的人。

越来越多的企业成功案例证明,任何企业的发展战略、规划书都没有企业领导者给予员工直接的目标和荣誉激励更有效,更能让他们出成绩。关于这一点,我们已经从戴高乐将军给法国人讲故事,讲愿景,用荣誉激励追随者的做法,以及任正非与员工之间"钱分得好"和强烈的荣誉激励机制中得到了验证。

- 距离感与权威的确立
- 权威确立中的榜样作用
- 权威确立中的道德力量

第四章

远见与权威确立

第四章　远见与权威确立

戴高乐在《剑锋》中写道,"我们所处的时代对权威来说是一个困难的时代。无论在什么事业中,权威与其说会带来信任和服从,不如说为人带来更多的不耐烦和批评。在基层,(权威)会在每次显示自己存在时就遇到打击,从而使那些试图建立权威的人产生对自己的怀疑,使他们在摸索和挫折中,在小心翼翼和不断表示歉意,以及过分苛刻的形式主义中培养自己的权威。今天,人们已没有尊重古人的趣味,也没有尊重过去规则的愿望"。[①]

在现实生活中,领导者有权无威者大有人在,这也使今天许多处在领导岗位上的人非常苦恼,感慨自己得到不追随者的拥护,或追随者对其的尊重更多的源于对其手中权力的敬畏。

戴高乐谈到的权威问题,不是 20 世纪 30 年代所特有的问题,而是古今中外领导力学中普遍存在的问题。

第一节　距离感与权威的确立

戴高乐告诉我们,一个领导者不仅需要远见,还需要在追随者中建立权威。没有权威,就不可能形成领导力。但权威的确立与领导者

---

① Charles de Gaulle. Le fil de l'épée [M]. Paris:Edition Perrin, 2015.

戴高乐领导力与大变局时代的启示

手中拥有的权力无关。

那么,领导者如何确立权威呢?戴高乐认为,在没有更好的办法前,保持与下属的距离感可以形成一定的权威影响力。

戴高乐在《剑锋》一书论"威望"这一节中专门谈到领导者权威的确立问题,他认为,由于时代的变迁,人们不可能像过去那样崇拜权力和遵守建立在权力等级基础之上的社会制度,而失去了等级制度的社会,人们又很难对权力拥有者表达敬畏。在这样的社会生活中,特别是在军队中,人们尊重将领更多的是出于对他威望的尊重。

然而,在戴高乐看来,威望又是一种难以度量的东西,为什么有的人与生俱来就有一种威望感?这就如同爱情,如果不在行动中,人们难以感受到一种由爱带来的不可名状的魅力。

戴高乐认为,威望是一种近似天赋的特质,虽然难以获得,也不容易区分,但它是可以后天学习的,就如同艺术,领导者必须在实践中提升这种能力。因此,如同才华之于艺术家,权威对于领导者至关重要。一个拥有权力的领导和一个没有权力但拥有权威的人,在追随者心中的地位是不一样的,他们会认为,让权力归权力者好了,我们只跟着有魅力的领导走。

戴高乐认为,在我们这个缺乏权威又反感权威的时代,建立权威的最好办法之一就是保持领导者在追随者心目中的一种"神秘感",原因是人们很少尊重或崇拜他们所熟悉的人。

佩雷菲特在《这就是戴高乐》一书中回忆道,当他作为一个毕业于法国著名的巴黎高等师范学院的年轻学者出现在戴高乐面前时,戴高乐总是对他非常客气,嘘寒问暖,宠爱有加。但有一天,当他作为戴高乐身边的工作人员时,戴高乐却对他特别冷淡,一扫平日的热情,和之前判若两人。

年轻的佩雷菲特百思不得其解,急忙向资深的内阁成员请教,他们回复,这就是戴高乐将军。他对越不熟悉的人越客气,对越熟悉的人越不客气。特别是在工作中,将军希望与下属保持一定的距离。

儿子菲利普在《我的父亲戴高乐》一书中回忆,戴高乐即使在家中也是一个严肃的人,让他们这些孩子从小就感到父亲不怒而威。

戴高乐是领袖,需要这种距离感来营造领袖的权威。与此同时,戴高乐也特别喜欢独自处理一些重大的决定,因为戴高乐认为,作为领导者,他的责任就是作出决定。他可以与部下在一起充分交流,但在作出重大决定时必须是一个人平静地完成。

美国总统尼克松在《领导者》一书中谈到戴高乐这种独处方法对他带来的巨大帮助。尼克松说,远离白宫幕僚们可以增加他在追随者心目中的神秘感,也有利于静心细想,作出正确决策。他说自己"很少在椭圆形办公室中作出重大决定。当我要作重大决定时,我往往离开几个小时,躲到林肯起坐间或戴维营、比斯开湾或圣克利门蒂的小图书馆去。我发现,远离华盛顿的嘈杂声而躲进孤寂的场所,我能够进行最好的思考,作出最好的决定"。

在现实生活中,一些领导人没能很好地理解距离对于提升权威的作用,与追随者的关系过于亲密,导致领导者很难在下属面前树立权威。更有甚者,一些领导还经常"越级"过问和干预下属的工作,导致下属的工作难以展开,也同时削弱了领导者自身的权威性。

戴高乐领导力与大变局时代的启示

第二节　权威确立中的榜样作用

美国领导力学专家麦克斯韦说过,"人们是先接受领导者,然后再接受其愿景"。

戴高乐在《剑锋》一书中有如下描述。

如同磁铁吸引铁一样,意志和希望都会聚向领导者。当危机到来时,人们追随的是领导者,是领导者用自己的胳膊举起重担,即使胳膊摔断了,他还要把重担放在背上。同样,小人物对他的信任提升了有性格人的信心,而对于人们给予他的这种微小的信任使其更感到责任在肩。因为有性格的人天生就是一个保护者,其意志和仁慈之心不断与时俱增。当任务取得成功时,他会把功劳归于大家,但任务遇到挫折时,他不会让指责降到任何低于他的位置上。①

戴高乐将领导者这样"有性格的人"的权威的确立归结为"即使胳膊摔断了,他还要把重担放在背上"的榜样作用。戴高乐在此强调的是,言教不如身教,领导者必须处处身先士卒,以身作则,凡要求下属做到的事自己先做到,从而通过榜样的力量激励追随者。

一、戴高乐在"一战"中的榜样作用

1914年8月15日,24岁的上尉军官戴高乐参加了法军与德军在比利时迪南的会战。战斗非常激烈,戴高乐在与德军作战时腿部被弹片刺伤。

1915年3月15日,戴高乐在香槟战场上与德军作战时左手受伤,

---

① Charles de Gaulle. Le fil de l'épée [M]. Paris:Edition Perrin, 2015.

但他忍着伤痛向敌军发起进攻,其英雄行为受到法国总参谋部的嘉奖。

1916年3月2日,法军在凡尔登与德军会战的战役中失利,脱围不及的戴高乐被德军刺刀刺伤左腿后成为德军俘虏。在被德军囚禁期间,戴高乐曾五次试图越狱均未遂,为此,德军将其连续转移了十多个集中营。

1918年11月11日,法德签署停战协定,戴高乐回到法国,受到法军总参谋部的表彰,并由此获得荣誉军团骑士勋章。

二、戴高乐在"二战"期间的榜样作用

"二战"全面爆发后,1940年5月17日,戴高乐上校率领法军第四师200多辆坦克,向德军占领的蒙科内小镇发动了著名的"蒙科内战役"并赢得胜利。"蒙科内战役"是法军从1940年5月10日与德军直接作战以来的首次胜仗,对鼓舞法军将士和法国人民反抗德国侵略的斗争具有重要意义,但由于缺乏后勤支援,加上德国空军的空中打击,戴高乐率领的坦克部队寡不敌众,不得不撤离战场。

5月28日,戴高乐上校又亲自指挥"阿布维尔战役",捕获了400多名德国俘虏,因其英勇骁战获得法军总参谋长魏刚本人的亲自嘉奖,并临时被法军总参谋部提升为法军准将。

三、戴高乐在抵抗运动中的榜样作用

1940年6月17日,以贝当为首的维希政府向德国投降,不甘做亡国奴的戴高乐将军于6月17日上午只身飞往伦敦,18日在BBC发表著名的《告法国人民书》。

戴高乐领导力 与 大变局时代的 启示

1939年10月23日，戴高乐上校向法国总统勒布伦报告第19坦克营的备战情况

李小超 绘

戴高乐冒着生命危险来到伦敦，开始了其艰苦的抵抗运动。维希政府军事法庭以叛国罪判处戴高乐死刑并剥夺其在法国的所有财产，那些投降派的法军将领更是嘲笑戴高乐不自量力，称其只是个通过BBC广播抗击德国侵略的"话筒"可怜虫。

因此，用实际的军事行动来提升戴高乐及其领导的"自由法国"在法国人民和世界反法西斯力量面前的影响力很有必要，这其中就有戴高乐亲自参与指挥的"达卡尔战役"。

1940年9月23日至25日，在丘吉尔的建议下，"自由法国"与英

第四章 远见与权威确立

国海军联合向维希政府控制的西非达喀尔港发动进攻。丘吉尔和戴高乐均希望通过这场海战将西非达喀尔港这一战略要塞控制在英法盟军的手中，从而防止纳粹德国军队势力在非洲的扩张。

然而，曾当过海军大臣的丘吉尔希望通过英国海军庞大的舰队向达喀尔维希守军炫耀一下武力，解决战斗，而陆军出身的戴高乐更希望从陆地包抄，向守军施加压力。因此，双方的战术思想不一致。后来的形势发展出乎意料，由于港口大雾，守军没能看清英军舰队的阵势，慌乱之中双方开始炮击。

在此情况下，为避免法国人之间不必要的流血，在看到维希守军无任何投降意愿后，戴高乐下令放弃进攻。

达喀尔港战役没有取得胜利，戴高乐为此痛心疾首，但作为"自由法国"的领导人，他身先士卒，在最危险的时刻与"自由法国"战士站在一起，在反法西斯战场上，他要求自己不要做一个懦夫，而要做一个勇敢的战士。

后来，随着"自由法国"更名为"战斗法国"，戴高乐所领导的武装力量在北非与盟军并肩战斗，狠狠打击了纳粹德国，其中就有著名的比尔哈凯姆战役[①]。在那场战役中，戴高乐虽然远离战场，但他亲自部署，与前方指挥官柯尼希将军保持密切互动。经此战役，"战斗法国"战士的士气及其国际影响力大大提升。

---

① 比尔哈凯姆战役（Bataille de Bir Hakeim）是1942年5月26日—6月11日由法国柯尼希将军指挥的"自由法国"第一旅对德国陆军上将隆美尔率领的德意联军的一场北非阻击战。战斗持续16天，德意联军3 300人伤亡，200多人被俘，近200辆军车被摧毁，49架战机受损，而法军损失不到1 000人。比尔哈凯姆战役以少胜多，打出了"自由法国"战士的威风，也为后来盟军阿拉曼战役的胜利奠定了基础。

戴高乐领导力与大变局时代的启示

第三节 权威确立中的道德力量

艾森豪威尔说过,"领导的最高素质无疑就是廉洁。没有它,无论你是与一帮哥们兄弟相处,还是驰骋在足球绿茵场上,或在部队营中,或机关办公室,你都不可能取得真正的成功"。

戴高乐在建立权威的过程中,除了在生死考验面前"即使胳膊摔断了,他还要把重担放在背上"的榜样作用外,还有一条非常重要的道德榜样作用,即通过领导者的廉洁自律和高尚情操,在追随者中树立崇高的道德权威。

一、领导者必须淡泊名利

在现实生活中,领导者同样面临着各种名利的诱惑,从人性的角度出发,名利也是领导者激励自己的动力之一,但正确看待名利,分辨是非,无疑是领导者团结并吸引更多的追随者完成伟大事业的前提。

戴高乐为法兰西复兴肩负着一种近乎宗教信仰般的使命感,因此,为了完成使命,他可以将几乎一切个人名利舍弃。

1940年6月18日,戴高乐在伦敦举起反法西斯大旗,出于抵抗运动的需要,他并没有过多地考虑自己的名利和地位,而是多次给位于北非的法军将领们写信,表示只要他们能够像他一样举起义旗,他完全可以投奔他们,并作为他们的下属一起抗击德国侵略者。

1946年1月,与法国第三共和国那些沽名钓誉、绞尽脑汁想在抗战胜利后的法国政坛上捞政治资本的政客们不同,戴高乐考虑的是就提高国家政治制度的有效性进行政治改革,希望法国政界领袖能从第三共和国政治体制的失败中吸取教训，提高国家治理能力的有效性。

当看到法国政治领袖们陋习不改，千方百计阻挠其政治改革时，戴高乐毅然辞去法国临时政府总理职务，解甲归田，将自己的政治生涯重新归零。

1969年4月28日，戴高乐因其"参议院改革法"没有得到半数以上法国选民的支持票，在获悉公决结果后宣布辞去总统职务，回到科隆贝隐居。

戴高乐身居要位，但他不恋权，坚持原则，执政为民，坚守底线，凸显了戴高乐的政治道德力量。其于1946年和1969年两次从国家最高领导职务上辞职的举动，令当时的追随者非常不解，舆论也为之哗然，戴高乐在没有任何外界政治压力的情况下自觉放弃国家最高权力，体现了他在政治道德方面的纯洁性和极高的道义标准。

二、领导者必须一生清廉

戴高乐位高权重，但他始终坚持清廉的作风和独立的人格，不与任何利益集团交往，公私分明，从不对自己搞特殊化。

在戴高乐担任总统的12年时间里，他要求总统府自己的生活区域内要每月照单缴纳水电费，因为这里是他的私生活区域，与履行公职无关。当每个月儿孙来总统府看望他时，他总会在总统府安排便宴，而他每次都是自己出钱交晚餐费。

1969年4月28日离开爱丽舍宫后，戴高乐主动放弃丰厚的总统退休金，坚持只领取作为军队准将的退休金，靠稿费生活。

戴高乐领导力与大变局时代的启示

三、领导者必须管好子女

戴高乐对自己严格要求,对身边的工作人员、亲友、子女更是如此。

戴高乐一生从未利用各种权力资源为其子女的职业发展铺路,相反,他要求子女要比其他孩子做得更好、更多。在伦敦艰苦的抵抗运动中,他要求大儿子菲利普像普通海军士兵一样服役和作战,并要求他越有危险的地方就越要冲在前面,更是从未向其部下打招呼照顾儿子的生命安全。

菲利普在《我的父亲戴高乐》一书中回忆道,有一次他在部队见到前来检阅的父亲,但戴高乐并没有因为见到久无音讯的儿子而显得特别高兴或脸上露出任何特别的表情,只是将其子视作"战斗法国"战士中的一员,并要求他干得比别人还要好。

在晚年戴高乐撰写《战争回忆录》时,他也没有因为儿子出生入死的表现而在书中予以渲染,只是平静地带上一笔,"我儿子也在队伍中"。

"没有别的办法,谁让你是戴高乐的儿子呢?"菲利普在《我的父亲戴高乐》中如是说。

四、领导者必须英雄柔肠

戴高乐是一个刚毅的军人,但他同样英雄柔肠,极富同情心。

安妮是戴高乐最小的女儿,生于1928年,但不幸的是,她生来患有唐氏综合征,不会说话,不会走路。可戴高乐一生对安妮宠爱有加,即使南征北战,居无定所,包括在伦敦率领"自由法国"抗击德国纳粹期间也要和小安妮在一起,对安妮不离不弃。戴高乐工作繁忙,日理万机,但工作再忙也要抽出时间与女儿在一起。更可贵的是,戴高乐性格内敛，平时寡言少语，但见到安妮时却总是特别开朗，甚至会用歌曲、舞蹈和哑剧来哄她。

戴高乐曾对一位亲近的神父表示，他将安妮视作上帝赐予他的礼物，正是因为安妮的疾病使他更珍惜生命，为人也更加谦卑。

1948年，安妮因感冒死在戴高乐的怀中。

安妮下葬时，戴高乐说了一句话："她终于和其他孩子们一样了。"后来，戴高乐成立了以女儿安妮·戴高乐命名的残疾儿童基金会，并将他写回忆录的稿费全部捐赠给这个基金会。

由于女儿安妮的原因，戴高乐一生还特别重视残疾人的福利事业，如同他对那位神父所说的那样，女儿的疾病使他更加珍惜生命，更加富有同情心。

五、领导者必须淡泊人生

戴高乐珍视生命，却又极看淡生死。作为一名虔诚的天主教徒，他对人真诚、谦卑和富有同情心，但对自己的后事安排却极其苛刻。

1952年1月16日，戴高乐手写了一式三份的遗嘱，一份给了他当时的办公室主任蓬皮杜，另外两份分别给了儿子菲利普和女儿伊丽莎白。

在遗嘱中，他要求政府在他死后禁止任何形式的国葬和纪念活动，要求遗体告别时只有家人参加，并将其安葬在女儿安妮身边，等候老伴伊冯娜百年后与其相会。

1970年11月9日，戴高乐因脑出血溘然离世，一代伟人撒手人寰。戴高乐的葬礼非常简单，送别他的是他的夫人和子女，以及个别圣西尔军校的学员，为其抬棺的人则是科隆贝村里的乡亲们，他们是餐馆的伙计、屠夫和普通农民。

戴高乐领导力与大变局时代的启示

讨论 | 远见与权威的确立

领导者的权威是领导力研究中的一个重要问题，它通常是指领导者所具有的一种合法性、指挥性和被服从的能力。从古希腊柏拉图开始，人们一直希望通过建立个人的、道德上的、政治上或精神上的权威，使人类社会生活中具有一种基准价值，从而在维护一种集体利益的前提下使所有人为实现共同目标而努力。

瑞典宜家创始人英格瓦·坎普拉德就曾说过："如果有一种东西存在于良好的领导力之中的话，那就是好的表率作用。我必须为所有宜家员工做好这个榜样。"

企业领导者权威的确立关键就在于品德的确立。坎普拉德一生为宜家员工的就业、福利及整个社会的良好发展而努力，并倡导了宜家独特的勤俭文化与社会责任。在他的领导下，宜家这样一家既没有技术驱动，也没有互联网特征，甚至商业模式略显陈旧的传统家具零售商成为一家世界著名且备受各国消费者尊敬的企业。

在宜家成长的过程中，坎普拉德70年如一日地为广大员工树立节俭与环保的榜样，他十分富有却开着一辆老旧的沃尔沃汽车，出差只坐经济舱、住经济酒店、吃便宜的饭菜、买廉价的东西，并把所有财产委托给一家慈善信托基金管理。

坎普拉德把简朴视作美德，把浪费当作罪恶，并把这样的价值观定位为所有宜家员工必须秉承的"宜家精神"。

从坎普拉德为宜家打造的企业文化可以看出，企业领导者的价值观就是企业的价值观，人们对企业家的尊重就是对企业的尊重。在市场竞争如此激烈的今天,为什么消费者更容易购买他们的产品?为什么宜家能够在竞争激烈的家居市场中基业长青?

从一定意义上讲,现代企业的竞争也是企业间领导人的人格魅力、道德权威及企业文化的竞争,这种竞争的集中表现就是价值观。一个富有同情心、有责任心的企业领导就会打造出一个宣扬同样价值观的企业。

案例
欧莱雅,企业社会责任的权威形象

欧莱雅(法国)化妆品集团公司是世界上最大的化妆品企业之一,于1907年创建于法国巴黎。欧莱雅是全球500强企业,在全球拥有近300家分公司,其2019年的销售额为298.7亿欧元,净利润为55.47亿欧元,是一个名副其实的化妆品帝国。

一百多年来,欧莱雅旗下护肤、彩妆、药妆、美发、香水、美容仪器等事业部拥有30多个品牌,如巴黎欧莱雅、巴黎卡诗、兰蔻、卡尼尔、美宝莲、伊夫·圣洛朗、乔治·阿玛尼等,在世界享有广泛的知名度,其中,1998年,由欧莱雅公司与联合国教育、科学及文化组织(以下简称联合国教科文组织)联合打造的全球"世界杰出女科学家奖"(L'Oréal-UNESCO For Women in Science Awards),更使欧莱雅在全世界,特别是在女性消费者群体中收获了大量的美誉度。

截至2021年,共有91位女科学家获得此奖项,其中5人后来还获得了所在研究领域的诺贝尔奖。另外,有3.6万女科学家得到了表彰,3.5万年轻的女博士和博士后得到了欧莱雅公司的资金支持,帮助她们圆满地完成了科研任务。

一、奖项设立主题鲜明,具有强烈的时代感

男女平等一直是国际社会普遍关注的热门话题。2015年9月,联合国全体大会在确定的"联合国可持续发展目标"的17项优先战略中,男女平等被列为第五项。

科学是人类摆脱愚昧,求得自身解放和推动社会进步的有力武器,但由于男女地位的差异,在今天的科学家队伍中,女性还处于比较弱势的位置,如女性科学家仅为全球科研人员的33%,在数学、工程学等领域女性只占28%,在计算机科学专业占40%,在全世界诺贝尔科学奖的获奖者中女性更是少得可怜,仅占4%。

面临人类历史上出现的第四次工业革命,无论是传统产业,还是人工智能、数字经济等新兴领域,均离不开各行各业的科学研究人员。因此,女性科学家的话题不仅仅是社会问题,也是今天所面临的和平与发展的全球性大问题。

"世界需要科学,科学需要女性",这就是"世界杰出女科学家奖"的定位。

二、受众明确,具有强烈的针对性

欧莱雅一百多年来在世界各国拥有大量的消费者,而她们中以女性为主,又以都市和职场女性为最,其中不乏大量知性女性消费者。欧莱雅在促进男女平等,帮助提升女性在科学界的能力建设方面做出

的努力，对欧莱雅的女性消费者来说意义重大，也正是因此提升了欧莱雅在消费者心中的认可度。

三、由联合国教科文组织背书，具有全球公认的影响力

联合国教科文组织成立于1945年11月16日，总部在巴黎，是联合国通过教育、科学、文化、沟通及信息自由促进世界和平、消除贫穷、实现人类可持续发展的专门机构，在全球范围扩大科学知识和加强科学合作方面发挥了重要作用。

此外，促进男女平等也是教科文组织的两大全球战略之一。因此，与欧莱雅联合打造"世界杰出女科学家奖"，"一奖二彰"，既促进了人类科学事业的发展，也促进了男女平等事业的不断进步。

而作为合作方，欧莱雅选择联合国教科文组织为其背书，这样既提高了奖项的公信力和全球影响力，也将奖项发展成了一项全球公益事业，在促进全球科技发展和男女平等方面体现了一个商业公司的权威担当和社会价值。

四、专业化操作，具有强烈的资源整合性

自1998年始，一年一度的"世界杰出女科学家奖"颁奖大会在巴黎的联合国教科文组织总部举行，5位在各领域做出卓越贡献的女性科学家在万人瞩目下接受她们的荣誉。在这24年（1998—2021）的坚持中，欧莱雅公司专业化的运作至关重要。

首先，专业化体现在评奖的质量上。整个评选过程均由欧莱雅和联合国教科文组织委托世界著名科学家担任独立评委，候选人也由联合国教科文组织成员国委员会向独立评审机构提交，从而确保了奖项的客观、中立和极高的专业水准。

正是由于该奖项的高品质,在迄今获得该奖项的女性科学家中已有 5 人获得诺贝尔奖。因此在一定意义上,对广大女性科学家而言,该奖项也成为他们冲刺诺贝尔奖的热身奖。

其次,整个晚会由欧莱雅委托的专门公关公司操作,流程严肃、正规,同时邀请各大媒体参与,晚会也成为欧莱雅企业形象的一次盛大的宣传大会。

此外,整个活动的媒体影像资料全部归欧莱雅公司所有,它们进而通过网站、门店、世界主要机场的候机楼大屏幕、地铁、航空公司、杂志等载体再度宣传其公益形象。

最后,颁奖晚会成为欧莱雅与其全球经销商和其他合作企业的内部酬宾和对外公关的重要平台。

总结一下欧莱雅的成功经验,我们可以得出以下结论。

(1)选择科学与女性这样的人类当前所面临的两大全球范围的议题,使该奖项具有极高的道德权威性。

(2)选择与联合国教科文组织合作,提高了奖项的可信度和全球影响力,而科学和男女平等又是教科文组织两项全球重点工作,从而促使双方优势互补,在目标上也具有高度的契合性。

(3)欧莱雅通过此举在全球消费者心目中树立了一个有责任感的社会企业形象。因此,对欧莱雅消费者而言,购买欧莱雅的产品就是支持全球男女平等,提升女性科学家作用的伟大事业,从而成为欧莱雅的坚定支持者。

(4)欧莱雅的耐心和时间投入进一步强化了欧莱雅与其全球消费者之间的信任关系,大大提升了欧莱雅客户的黏度,从而也使欧莱雅利用公益活动提高了其全球知名度，拓展了全球市场份额。

艾森豪威尔将军曾说，"没有领导者的廉洁就没有一切"；曾经指挥第一次海湾战争的美军中央司令部司令、多国部队总司令诺曼·施瓦茨科普夫将军也说过，"领导力是战略和品格的有力结合，如果必须去掉其中一个的话，那就把战略去掉好了"。

由此可以看出，现代企业制度越来越强调企业的社会责任，如法国2019年5月通过的《企业增长和转型行动计划法》中，就增加了企业的"存在理由"描述，即企业必须在确立经济目标外还要有"愿景和意义"，它同时规定了企业除获取利润外还要符合社会公共利益和人类可持续发展的利益，并为此专门修改了《拿破仑民法》中对企业的定义。

如同领导者建立权威一样，企业需要通过切实的关爱行动，让消费者看到企业的社会价值，了解其愿景和意义，从而与企业形成一种信任关系，支持并陪伴企业的成长。

因此，如果说戴高乐就是通过自身崇高的道德榜样的作用在追随者中树立起权威的话，那么，今天的企业家们只有担负起应负的社会责任，才能保障企业的长远发展，提升企业在客户心目中的"权威"形象。

我们高兴地看到，在今天的中国，越来越多的企业已自觉地将社会责任列为其发展的重要目标，如腾讯出资500亿人民币成立旨在传播其"科技向善"（Tech for Good）理念的"可持续社会价值创新"事业部，其他中国企业投身扶贫、教育、环保、乡村振兴等公益事业领域的例子比比皆是。

- 影响力的组织使命标识化表达
- 影响力营销中的媒体关系
- 影响力营销的其他方式
- 影响力营销中的象征意义

第五章

远见
的影响力营销

第五章 远见的影响力营销

美国领导力学教授诺斯说过,"领导力是一个过程,在这个过程中,一个人影响一群人以实现一个共同的目标"。

戴高乐在法国历史的特殊时期,以其带有神秘色彩的人格魅力、滔滔不绝的口才与文采,利用广播、电视、报纸等渠道营销自己的影响力。因此,即使从现代传播学角度看,戴高乐也堪称名副其实的KOL(关键意见领袖),一位影响力营销超级大师。

戴高乐谙熟影响力营销的艺术,他在《剑锋》一书中还专门谈到与公众沟通的方法和仪表的重要作用,并以凯撒和拿破仑注重他们公众演讲时的形象强调沟通时演讲者的仪表、遣词造句的重要性。

戴高乐虽然是20世纪的政治家,但他的营销理念非常具有现代意义,他也是西方世界第一位巧妙地利用电视这一现代文明工具建立起国家领导人和人民之间的沟通的政治家。

在某种程度上,戴高乐率领法国人民为法兰西复兴而奋斗的事业的成功,也是其远见营销的成功。没有其远见营销的成功,戴高乐就不可能引起法国人对他的重视,更不要说世界人民对他的重视。戴高乐就这样从无到有,从小到大,先征服法国人民,再征服丘吉尔、罗斯福,从而为他的"法国梦"赢得成千上万的支持者和参与者。

戴高乐领导力与大变局时代的启示

第一节 影响力的组织使命标识化表达

任何群体都需要一种价值理念或信念的载体,即使在人类尚未开化的时期,原始部落也需要图腾标识。任何组织一旦成立后,为了对内团结成员实现某种目标而达成共识,对外表达组织的理念,最好的方式就是创造一个组织标识。

1940年6月18日,当戴高乐在伦敦成立"自由法国"时,他是个地地道道的"孤家寡人",为表达法国人民反抗法西斯德国侵略的坚定决心和法兰西民族不屈不挠的精神,戴高乐需要为他所创建的"自由法国"创建一种特殊的组织标识,从而鼓励法国青年男女来到伦敦与他一起参加抵抗运动,并通过这样的"星星之火"来营销"自由法国"在法国和世界的影响力。

1940年7月1日,也就是戴高乐6月18日在BBC广播中呼吁法国人民抵抗德国侵略后的第13天,戴高乐决定除了继续在BBC开展"广播战"外,他必须为其抵抗事业寻找一种精神象征,而这种精神象征最好的载体就是创建一个"自由法国"的组织徽标。

于是,他根据"自由法国"海空军上将穆瑟里尔的建议,决定选择"洛林十字"作为"自由法国"的组织标识,这是因为洛林十字曾是法国王朝的象征,而且穆瑟里尔上将是洛林人。戴高乐当年作为陆军上校指挥的第507坦克团的武器标识中也有一个洛林十字架。因此,用"洛林十字"做标识不仅可以用法兰西王朝的象征来号召法国人民,也可以表达他本人与法国洛林地区的特殊历史渊源。

标识确立后，戴高乐在各种公开活动中穿的军服上都佩戴洛林十字架勋章，戴高乐所签署的"自由法国"，包括后来"自由法国"更名为"战斗法国"后的所有军事命令、信函、各种宣传材料，以及对外发行的邮票等官方物品均标有洛林十字架。

如此，洛林十字架成为戴高乐将军抵抗运动的一种精神象征。

与此同时，戴高乐要求"自由法国"从水兵、飞行员到志愿者，所有人的制服上也都要明确标有洛林十字架。

洛林十字架成为法国国内坚持抵抗运动的战士的标识。甚至有些不属于戴高乐领导，如法国共产党领导的抵抗运动战士们，也自发地用洛林十字架来表达对"自由法国"的支持，并在每年11月11日"一战停战日"和7月14日"法国国庆日"以此向法国人民进行爱国主义教育，或在举行游行时佩戴洛林十字架。

值得指出的是，法国共产党虽然在许多政策方面与戴高乐并不一致，却公开承认洛林十字架所代表的意义，表示愿意与戴高乐将军率领的"自由法国"一起抵抗纳粹德国，也因此洛林十字架又是法国国内各政治力量之间统一反抗纳粹侵略的象征。

1940年11月16日，也就是标识创建后的第四个月，戴高乐在布拉柴维尔又创建了我们前面所提到的"解放勋章"，洛林十字架成为勋章的主要图案。

1940年8月25日，戴高乐回到巴黎，洛林十字架成为"二战"胜利后戴高乐抵抗运动的象征。

作为总统，戴高乐专车的车旗中间就有洛林十字架（国旗及总统使用的印章、信签除外）。此外，所有戴高乐方的政党成员和拥护戴高乐的民间组织、俱乐部等均在战后以洛林十字作为其组织标识。

洛林十字架

1970年11月9日,戴高乐逝世。为纪念戴高乐,法国政府在戴高乐乡间别墅科隆贝建立了一座戴高乐纪念馆,纪念馆前面就矗立着一个高大的洛林十字架。十字架高44.5米,重990吨,表达了法国人民对戴高乐的无限敬仰和怀念。

在法国人民艰苦的反法西斯斗争中,洛林十字架就像黑夜里的北斗星一样指引着法国人民,给他们信心和勇气,伴随他们在反法西斯战场上从一个胜利走向另一个胜利。

在法国,人们一看到洛林十字架,就会想起戴高乐。

第二节　影响力营销中的媒体关系

拿破仑曾说,"一张报纸抵得上三千毛瑟枪"。

戴高乐知道,如果没有媒体,他的反法西斯事业就不可能在法国人民心中形成燎原之势,为此,戴高乐尝试与包括BBC广播电台在内的英国和世界各种媒体建立合作关系,向法国和世界积极营销"自由法国"的抵抗事业。

戴高乐与媒体的关系史就如同一个从零开始的初创企业的品牌发展史，一个借助伟人的远见、智慧和雄辩口才的伟大事业的成就史。戴高乐高度重视与媒体的关系，有时甚至到了精心和刻意打造与媒体关系的地步。

利用好媒体关系，成功营销远见，再赢得法国人民的理解和支持，最终取得事业成功，这就是戴高乐给我们留下的宝贵的媒体沟通经验财富。

一、戴高乐与广播的关系

从 1940 年 6 月 17 日戴高乐流亡到伦敦开始，戴高乐就懂得他取得胜利的唯一机会就是与法国人民直接说话，告诉他们事实的真相及希望。因此，他到达伦敦见到英国首相丘吉尔时，提出的第一个请求就是借助英国 BBC 广播，直接向法国人民发出抗战的呼吁。

6 月 18 日，戴高乐在 BBC 发表了众所周知的广播演说。在广播结束时，他说："我是戴高乐将军，我明天同一时间还会与你们通话。"

据统计，戴高乐在伦敦期间，在 BBC 共发表了 67 次讲话，而正是通过伦敦 BBC 的电波，戴高乐抗击纳粹德国的坚定决心和由他点燃的法兰西民族抵抗的星星之火最终一步步成燎原之势，击垮了纳粹德国的统治。

在伦敦流亡的四年中，戴高乐通过 BBC、"自由法国"，以及在阿尔及尔和布拉柴维尔的"战斗法国"的广播电台，不断地向法国人民传输抗战到底的信念，因此维希政府中有些政客嘲笑戴高乐是"麦克风将军"。

然而，正是戴高乐的"麦克风"让法兰西的儿女们不断觉醒，并配合戴高乐的"战斗法国"和英美盟军，运用各种手段开展抵抗运动，最终解放了法兰西。

戴高乐非常喜欢发表广播讲话，他那抑扬顿挫的声音成了法国人的一种特殊的记忆。

战后，戴高乐也特别喜欢以广播的形式发表讲话，如 1968 年 5 月 30 日，戴高乐针对"五月风暴"对法国社会造成的严重冲击发表了著名的平暴讲话。

戴高乐没有使用电视而是选择了广播，就是为了让法国人民联想到 1940 年 6 月 18 日他在伦敦 BBC 发表《告全国人民书》的情形，从而使法国人民明白，在紧要关头，他会像历史上的那位戴高乐将军一样，再一次将法国从混乱无序带向稳定、繁荣和富强。

有意思的是，在戴高乐广播讲话后，法国人民迅速行动起来，约 100 万人从法国的四面八方来到巴黎，支持戴高乐政府，反对学生和左翼政党所煽动的社会风潮，喧闹近两个月的巴黎马上恢复了平静，"五月风暴"戛然而止。

二、戴高乐与电视的关系

戴高乐 1958 年到 1969 年执政的 12 年，正是电视机在西方国家普遍发展的黄金时期，人们第一次发现自己的生活可以被搬上屏幕，而戴高乐就是在电视出现后第一个娴熟地使用电视直播的方式向人民发表讲话，与人民直接交流的西方国家总统。

1958 年 6 月 27 日，戴高乐事先做了认真准备，脱稿演讲，其清晰的观点、娓娓道来的叙事方式、抑扬顿挫的语调、收放得体的手势立即征服了电视机前上百万法国观众。这是法国历史上第一个总统电视直播讲话。

戴高乐利用电视与公众沟通的另一个方式是举行记者招待会,将国家的内政和外交政策通过电视向媒体记者直接发布,并现场接受他们的提问。

1964年1月31日,戴高乐在爱丽舍宫举行记者招待会,在会上,他谈到了四天前法国与中华人民共和国建立外交关系的重大决定。

戴高乐说,"中国是一个与世界一样古老的国家",法国承认中华人民共和国是一个"证据和理由日益明显的事实",是法国"对我们这个世界本来现状的认可"。戴高乐甚至在500多名国内外记者面前预言,"不能排除的是,在下个世纪,中国将再次成为过去几个世纪以来的世界上最重要的国家"。

在戴高乐主政期间,举行这样的电视记者招待会是戴高乐向法国人民阐述其施政方针的特殊方式,每次长达3小时。戴高乐风趣幽默,观点犀利,针砭时弊,其记者招待会成为法国新闻界的一大盛会。

戴高乐还接受过曾经是抵抗运动战士的新闻记者米歇尔·德罗伊特(Michel Droit)的专访,回答法国人民那个时期所关心的问题。在此之前,世界上没有一位政治家通过电视专访的形式与人民直接沟通。戴高乐也因此成为西方政治家中接受电视记者专访的第一人。

三、戴高乐与法国报纸的关系

虽然戴高乐在使用广播、电视等媒体时得心应手,但他与报纸媒体的关系却不那么顺畅,甚至还发生过冲突。法国报纸媒体不买戴高乐的账,分析起来有以下几个原因。

(1)当年戴高乐开展反法西斯运动时,他人在伦敦,是自由区,而法国报纸媒体的总部在巴黎,属沦陷区,任何对戴高乐"自由法国"的同情、支持均会为媒体工作者带来麻烦,甚至引来杀身之祸。因此,在戴高乐四年的流亡生涯中,法国报纸非但没有对戴高乐的抗战热情显示出任何支持,反而常常讽刺挖苦戴高乐。

可以这么说,法国报纸更多的是代表维希政府和本土大企业的利益,他们对戴高乐的抵抗运动缺乏理解,更缺乏热情。因此,得到他们的支持几乎是一种奢望。

(2)戴高乐性格孤僻、清高,坚持己见,不愿意取悦媒体,而法国媒体又从不愿意为任何政治人物背书,这导致他们之间的关系一开始就比较复杂。此外,法国媒体表面上标榜新闻独立,但背后都有各种政党、财阀等利益集团操控,而戴高乐无党无派,又不愿意投靠于人,自然不讨人喜欢。

(3)与广播、电视这种直接的反应形式不同,报纸有充分的空间和时间根据报业老板的好恶对戴高乐的政策和见解发表意见,这一点也让戴高乐感到他难以把握沟通效果,因而也对通过报纸的沟通存有戒心,不太主动与报纸媒体建立热络的联系。这种与报纸媒体不冷不热的关系甚至持续到戴高乐当总统期间。

为此,戴高乐曾不无感慨地说过,"法国报纸反对我,但法国电视支持我"。

第三节　影响力营销的其他方式

戴高乐在不同时期和不同场合使用过很多不同的影响力营销手段，其中比较有意思的是下列几种。

一、在丘吉尔的要求下拍摄广告片

1940年6月18日，戴高乐在BBC发表了著名的《告法国人民书》。奇怪的是，广播播出后效果平平，其原因是法国听BBC的人本来就很少，加上法国社会弥漫着一种消极情绪，人们最关心的是自己的生计，很少有人对国家前途操心。此外还有一个主要原因，就是戴高乐根本没名气，没人知道一个法国临时准将在BBC发表了什么讲话。法国人不关心，就连英国人也无人问津。

为此，丘吉尔觉得有必要宣传一下戴高乐，以赢得英国和美国公众的支持，进而支持戴高乐的抵抗事业。于是，丘吉尔亲自拨款1 000英镑，并委托一家伦敦的公关公司为戴高乐拍摄一组生活照。

丘吉尔对戴高乐说，"您要以一种科学、自然和谨慎的方式向英国人介绍您自己"，并再三嘱咐戴高乐"您在照片中的形象必须符合英国上层社会的品位，您必须表现得像勋爵和王室成员那样有风度"。

于是，在戴高乐伦敦的寓所里，摄影师让戴高乐和夫人一起坐着喝茶，让戴高乐夫人坐在钢琴前摆出弹钢琴的样子，拍下了一组照片。

这组生活照在伦敦的杂志上发表后效果非常好，英国人开始慢慢熟悉戴高乐，但在《战争回忆录》里，戴高乐对此次拍摄经历并没有多大好感，他感觉有点像卖洗衣粉的广告。

但戴高乐同时坦承，拍摄广告虽然做作，但为了法兰西的利益，他也觉得非常值得。

二、由他人帮助出《戴高乐传》

在抵抗运动初期，曾有一位美国记者向戴高乐提出写一本他本人的传记并在美国出版，戴高乐觉得这对扩大"自由法国"运动及其在美国的影响力有帮助，就答应了记者的请求。

在采访中，戴高乐向作者再三声明，他叫戴高乐，是"自由法国"的一员，信奉上帝，相信法国的未来，但他不属于任何人，也不属于任何政党，他与法国任何政派都没有瓜葛，他肩负着的是一个神圣的国家使命，即为了祖国的独立而战斗。

书在美国出版后非常畅销，而且不用戴高乐花一分钱就让美国更好地了解了戴高乐及其所从事的反法西斯事业。

从一定意义上讲，这本传记就是戴高乐投向美国社会的一个"柔性广告"，它填补了美国人对戴高乐认知的空白，对今后赢得美国对"自由法国"的支持打下了基础。

三、自己著书立说

为了表达治国、治军的理念，戴高乐在青年时期就开始著书立说，因而他是当时法军青年指挥官中为数有限的学者型军人。

从1924年到1938年，戴高乐连续出版了四本著作，无论在数量还是质量上在法军军官中均属罕见。

1924年，出版《敌人内部的倾轧》。

1932年，出版专门论述领导力的著作《剑锋》。

1934年，出版《建立一支职业化军人》。

1938年，出版《法兰西和她的军队》。

"二战"胜利后，戴高乐出任首任临时政府首脑，但因其政治主张与第三共和国的政客们存在严重分歧，1946年1月戴高乐挂冠而去，远离法国政界和喧嚣的大都市巴黎，回到科隆贝隐居，直到1958年复出政坛。

在1946—1958年的这12年间，第四共和国的政客们有惮于戴高乐在法国人民心目中的威望，剥夺了戴高乐本该享有的政治待遇，其中包括接受法国媒体采访的权利，但戴高乐不为所惧，专心撰写其鸿篇巨制《战争回忆录》和《希望回忆录》（因戴高乐突发脑出血去世，第三卷最终稿没有完成），通过出版书籍的方式再次与法国人民沟通，向他们传达其一生所追求的政治理念。

1954年《战争回忆录》第一版问世后，立即引起轰动。在书中，戴高乐回顾了他的人生，包括童年和他对法兰西的眷恋之情，以及他在伦敦和"自由法国"战士们四年艰苦的抵抗斗争，也描述了戴高乐与丘吉尔、罗斯福围绕法兰西的独立与主权，特别是争取战后大国地位斗智斗勇的情形。

1970年，戴高乐的《希望回忆录》中的第一、二卷即《复兴》和《努力》问世。

在书中，戴高乐回忆了其在战后为重振法国大国地位所做的工作，讲述了他如何将一个被纳粹德国占领四年，国家机器瘫痪，国民经济体系崩溃的法国建设成一流的工业化国家的过程。书出版后在法国再次引起轰动。

尽管已拟好了此书第三卷的写作提纲，但戴高乐突然逝世，《希望回忆录》未能全部完成，留下不少遗憾。但不管怎么说，通过前两卷的恢宏巨著，法国人更深刻地了解了戴高乐的政治理念。戴高乐通过文字，缩短了他与人民之间的距离，同时也给了他与人民深度交流的机会。

四、与公众当面交流

然而，无论是媒体宣传、拍摄广告还是著书立说，在所有的影响力营销手段中，戴高乐始终认为最好的方式是他与公众的直接交流。

1944年6月14日，也就是在盟军6月6日诺曼底登陆后的第8天，戴高乐坐汽艇来到诺曼底。

戴高乐终于踏上了阔别四年的祖国的土地，但他此时最关心的是，必须尽快让他领导的"战斗法国"来接管被解放的法国领土，说什么也不能让美军插手法国事务，以占领军的名义来管理这片已被解放的法国土地。

戴高乐在支持者的簇拥下来到诺曼底小镇巴约，即席向支持者发表了热情洋溢的演讲。这次演讲是戴高乐与巴约市民的一次随机性对话，他从巴约市民的欢呼声中感受到了法国人民对他及他所领导的反法西斯斗争事业的认可。

戴高乐在巴约的讲话是历史性的，它代表了戴高乐所领导的抵抗运动的胜利，表明了戴高乐抵抗运动的合法性、正当性，这使犹豫不决的美国总统罗斯福明白，未来法国人民的命运必须由法国人自己掌握，而能代表法国人民的合法领导人非戴高乐将军莫属，美国必须放弃原来计划在战后由美军托管法国的想法。

两年后，同样在巴约，戴高乐还发表了史称"戴高乐主义"的最重要的讲话之一，即1946年6月16日演讲。

1946年1月，戴高乐基于软弱的第三共和国议会制度给法国带来的惨痛教训，希望改革法国议会政治，加强政府的行政权力，但戴高乐的建议遭到法国传统党派的反对，戴高乐因此愤而辞职。半年后的巴约演讲就成为戴高乐与法国人民直接沟通他对未来法国宪政形式的一次机会。

戴高乐站在巴约市政厅的阳台上，向其支持者们表示，由两个议会组成并行使立法权力的议会已不能成为未来国家行政权力的保障。要建立一个强大的法国，必须要有一个强大的行政机构。因此，国家元首必须超越两院政党，成为国家独立和法国签署条约的保证人。

在支持者们一片"戴高乐将军掌权"的呼吁声中，"法国第五共和国宪法"的雏形在戴高乐的脑海中越来越清晰。

因此，巴约讲话也被广泛认为是戴高乐第五共和国宪法的热身讲话。

第四节　影响力营销中的象征意义

戴高乐善于沟通，喜欢与媒体打交道，更愿意与人民直接交流。除此以外，戴高乐还特别注重利用特殊事件的象征意义来营销他的理念。

由于这种象征意义具有一定的主观性，在一些人看来也许无关紧要,但在戴高乐看来却关系到"自由法国"的独立,甚至法国的主权问题。戴高乐认为它背后承载的是追随者对组织的理念、目标的认同和对胜利的信心,而领导者之所以拥有广泛的追随者,也是因为他们身上独具的特殊象征意义。因此,为了这样的象征意义,戴高乐甚至不惜与任何人作毫不妥协的斗争。

一、戴高乐拒绝"自由法国"战士穿英军制服

1940年6月18日,戴高乐在伦敦举起反法西斯的义旗,但招募来的法国战士们连一件像样的军服都没有。因此,丘吉尔主动提出可以为他们提供英军制服,但戴高乐予以拒绝。

他对"自由法国"战士们解释说,我们与德国人作战,为的是争取法兰西的独立和领土完整,这是我们法兰西儿女的选择,我们是在为自己的祖国而战斗。如果穿了英军的服装,我们就是在为英国女王而战,我们就成了一支雇佣军。因此,我们再困难也不能穿英军服装。

二、拒绝在阿尔及利亚美国军舰上会见罗斯福

1945年2月,刚刚参加完雅尔塔会议取道中东回国的美国总统罗斯福,提出在阿尔及尔港的美军军舰上会见戴高乐的建议。

然而,戴高乐拒绝了罗斯福的这一邀请。幕僚们对此非常不解,他们认为这是"战斗法国"和戴高乐本人获得美国承认的最佳时机,认为加强对美合作,争取美国的支持是"战斗法国"的当务之急,而拒绝这样的邀请就是对世界第一强国"无意义的冒犯",会对"战斗法国"和戴高乐本人今后处理与美国的关系带来负面影响。

戴高乐当场批评负责外交事务的乔治·皮杜尔缺乏战略眼光，要他挺起腰杆来，不要畏惧美国的强权。此事在戴高乐看来涉及以下原则问题。

（1）阿尔及利亚是法国的领土，罗斯福过境法国，应该是戴高乐在法国的领土上会见美国总统，而非美国总统在法国的领土上召见一位法国国家领导人。

（2）在礼宾安排上，戴高乐被安排在罗斯福会见北非其他国家领导人之后，此举明显矮化"战斗法国"，忽视戴高乐本人作为法国国家领导人应该享有的国际地位。

（3）美国与苏联、英国在雅尔塔刚刚举行三巨头会议，划分战后势力范围，戴高乐以及其他抵抗力量的领导人都没有受邀，在战后国际格局的安排上，法国被美国拒之门外，这是戴高乐不能接受的，法国不能对此无所表示。

罗斯福对戴高乐拒绝赴约非常恼火，他为此在国会上抱怨戴高乐像一个"宠坏了的女演员"，非常任性。私下里，罗斯福不止一次讽刺戴高乐时而将自己当作拿破仑，时而当作圣女贞德，但罗斯福本人也承认，戴高乐强硬态度的背后是其对来之不易的战斗成果的珍视。

三、坚持由"战斗法国"参与盟军诺曼底登陆

1944年6月6日，盟军在诺曼底登陆，法国各地逐渐被盟军解放。戴高乐一方面为祖国得到解放而高兴，另一方面则因为法国的解放并没有靠法国人民，而是由英美军队实现而苦恼。其中，罗斯福一直拒绝让戴高乐领导的"战斗法国"参加盟军在6月6日的诺曼底登陆，并且一直对戴高乐隐瞒登陆的消息，直到后来登陆的前两天丘吉尔实

在看不下去,才给戴高乐作了通报。为此,戴高乐对罗斯福怒不可遏,特别是戴高乐深知这支美国军队极有可能会将法国置于其新的统治之下,使法国在解放后又"被二度占领"。

在戴高乐看来,法国的解放战争必须要有"战斗法国"的参与,哪怕这种参与仅仅是象征性的,因为这涉及法兰西民族的尊严和荣耀,法国必须要在法国人的亲自参与下得到解放!

在戴高乐的努力下,1944年8月1日,勒克莱尔将军率领"战斗法国"第二装甲师在诺曼底登陆,参加了法国的解放战争。戴高乐为此兴奋不已,勒克莱尔将军更是不负众望,他率领"战斗法国"将士在10天后解放了诺曼底重镇阿朗松。

四、解放巴黎和在香榭丽舍大街行进

1944年8月19日,为迎接法国的解放,法国的抵抗力量率先在巴黎举行起义,并为此与德军进行激烈的巷战。

根据盟军最高司令的决定,为避免巷战给盟军造成的伤亡,盟军挺进法国本土时将不进入巴黎等法国的主要大城市,而是从边上绕过去。

当戴高乐看到巴黎抵抗运动已经行动起来时,考虑到巴黎对法兰西民族抵抗运动的巨大意义,其情感、道义责任和政治家的敏感告诉他,必须马上解放巴黎,避免德军对抵抗运动战士的血腥镇压,并让巴黎尽快回到法兰西民族的怀抱,进而增强全体法国人民将战斗进行到底的信心。

戴高乐马上与盟军最高司令艾森豪威尔将军进行交涉,向其"晓之以理,动之以情",强调解放巴黎对法国和世界人民反法西斯斗争的

第五章 远见的影响力营销

重要意义。艾森豪威尔将军听取了戴高乐的意见,命令勒克莱尔将军率领"战斗法国"第二装甲师向巴黎进攻。

1944年8月24日,勒克莱尔先头部队进入巴黎与德军交火。

25日,法军对德军守城指挥官寇尔蒂茨中将发出最后通牒,后者决定向盟军投降,而非执行希特勒死守巴黎或与巴黎同归于尽的命令。

在这一天,巴黎由"战斗法国"解放了,消息传到法国各地,法国人民奔走相告,他们终于盼来了祖国解放的一天。

26日,戴高乐及其"战斗法国"的主要负责人行进在巴黎香榭丽舍大街。

1944年8月26日,戴高乐及"战斗法国"的主要负责人行进在巴黎香榭丽舍大街

李小超 绘

当戴高乐在数百万巴黎人民的欢呼声中行进在巴黎香榭丽舍大街时,一种自豪感和幸福感油然而生,他在《战争回忆录》中激动地写道,"啊!这真是人山人海!马路两旁水泄不通,挤满了人,也许他们有200万人。我万分激动,又努力使自己平静下来,慢慢向那无法名状的疯狂激动的人群走去"。①

随着巴黎的解放,戴高乐这个"6月18日的呼吁者"从BBC广播的声音中走到法国老百姓的面前,当初抗击德国法西斯侵略的星星之火终于换来了今天法国人民的独立、自由、尊严和荣耀。

在200万群众的欢呼声中,戴高乐的影响力营销达到顶点。

如同当年在BBC广播一样,行进在香榭丽舍大街的戴高乐同时走进了法兰西民族的历史,成为一个传奇式人物。短短四年时间,一个无一兵一卒且被自己的国家宣判死罪的人,在一种信念的驱使下,实现了他四年前所言的一切,而这也使他成为法国人民心目中的英雄。

正是由于戴高乐在香榭丽舍大街行进时在法国人心目中所树立的高大形象和压倒性权威,罗斯福和丘吉尔很快承认戴高乐为法国临时政府当之无愧的领袖,也正是英美盟国领导人对戴高乐的承认使戴高乐以无可争议的法国抵抗运动的领导人和解放者、胜利者的姿态回到法国的政治权力中心。

讨论 | 远见的影响力营销

美国领导力学专家本尼斯说过,"领导能力是将愿景变为现实的

---

① 夏尔·戴高乐.战争回忆录[M].陈焕章,译.北京:中国人民大学出版社,2015.

能力"。

在戴高乐的领导力学中,我们看到戴高乐通过创建组织标识、与媒体建立良好关系、拍摄广告片、著书立说及巧妙运用象征事件等方式来营销其影响力。尽管戴高乐这些营销影响力的方式方法是在半个多世纪之前发生的,但即使在今天也可圈可点,形成了戴高乐本人鲜明独特的风格。

对现代企业来说,一个好的标识及其所诠释的有价值的理念与戴高乐的营销理念是一样的,企业的 LOGO 一定要诠释其品牌形象,如苹果电脑公司被咬过一口的苹果标识令人印象深刻并浮想联翩,从而对传播企业理念和品牌形象具有重要帮助。

好的 LOGO 对一个组织的理念价值诠释同样具有重要意义,如国际奥委会的五环图案。

从沟通学角度看,戴高乐从只身闯天下到后来指挥千军万马,靠的就是通过影响他人来共同完成一项属于大家的事业。在这种影响力营销的过程中,无论是面对媒体,还是在公众场合发表演说,他所有的沟通策略都是今天的企业领导者在经营管理企业时所应具备的能力。因此,戴高乐的沟通和营销经验弥足珍贵。

案例

马云的影响力营销

在中国企业家中,马云的创业故事在中国读者中早已耳熟能详。在创业过程中,马云以饱满的激情及滔滔不绝的口才对阿里巴巴商业帝国进行营销,扩大其影响力,其不少做法可圈可点,不乏为经典案例。

对马云来说,他要营销的是他的"让世界上没有不好做的生意"的理念,他相信1995年在美国西雅图看到的神秘的美国互联网必将对中国和世界的商业模式和商业生态产生深刻影响。

一、通过远见向追随者营销影响力

1999年,马云与18个朋友众筹50万元,在杭州湖畔家园的家中创建了阿里巴巴。面对这庄严的历史时刻,马云要求对大会的成立全程录像,并发表了他对阿里巴巴的愿景讲话,"第一,我们要建立一家生存102年的公司;第二,我们要建立一家为中国中小企业服务的电子商务公司;第三,我们要建立世界上最大的电子商务公司,要进入全球网站排名前十位"。

后来的故事我们都知道了,马云的愿景全部实现,阿里成为中国乃至世界最大的电子商务平台。

在艰难的创业过程中,是马云的远见和创业激情激励着阿里走完了每一步。

从阿里诞生的第一天起,马云就坚持不懈地与团队分享其对阿里电商业发展的美好愿景,从而使其追随者确信,只要跟着马云走,就会有光辉的未来。

正是马云这种非凡的远见强烈地吸引着其初创团队与其一起殚精竭虑、不离不弃,才有了蔡崇信等豪杰从四面八方加盟马云的创业团队,从而使无资金、无技术、无人员的马云开创了今天的电子商务帝国。

二、通过媒体向公众营销影响力

马云非常明白,他从事的电子商务不仅是商业界的新生事物,也是一个依赖与人沟通的新生商业模式。因此,他经常通过媒体向公众营销阿里的影响力,以打造一个崭新的人际互动商业生态网。马云的做法如下。

1. 营销阿里与众不同的商业模式

1999年马云创建阿里时,电子商务不仅在中国,就是在全世界也是刚刚起步,马云就通过媒体向社会公众及阿里潜在的用户不厌其烦地讲述电子商务的时代潮流。马云不断地向中国消费者讲述一个新的消费文明,而这样的"扫盲"课也成为马云营销阿里电商的免费广告。

2. 讲述阿里独特的价值观

当时由于电商刚刚起步,政府的监管不完善,社会普遍存在对网络诚信问题的质疑。因此,马云要打造中国最大的商务平台,就必须向社会说明阿里的价值观,即后来被誉为阿里的六脉神剑的"诚信、敬业、激情、拥抱变化、团队合作、客户第一"。

在阿里的诚信体系中,马云特别强调客户利益要优于股东和员工的利益,从而使客户优先、以人为本的价值基因从一开始就植根于阿里的企业文化之中。

3. 向社会广大青年创业者分享成功经验

马云成功后在中国青年创业者中引起强烈反响,他利用媒体向青年创业者分享其成功经验,并常常提醒创业者要有理念和激情。他经常提醒青年创业者要有耐心,要经得起考验,他说过的"今天很残酷,明天更残酷,后天很美好,但绝大多数人死在明天晚上,见不着后天的太阳",已成为马云留给中国青年创业者的金句。

三、用慈善事业提升阿里的美誉度

阿里成长后,马云在2010年成立阿里公益基金会,并规定从当年起每年将阿里集团收入的0.3%拨作善款,用于环境、扶贫、乡村教育等方面的公益活动,以此倡导全社会的公益氛围,促进人与社会、人与自然的可持续发展。

2015年,马云以124亿元人民币的捐赠额获得"中国首善"称号。

在2020年抗击新冠肺炎疫情的斗争中,阿里设立10亿元医疗物资供给专项基金,从海内外直接采购医疗物资,定点送往湖北的医院。在中国疫情得到有效控制后,马云又向世界卫生组织和许多国家捐赠了大量资金和医疗物资。

在每次行善的过程中,马云都会通过媒体向社会各界不懈地营销阿里的善意及其社会形象。

四、用中国传统文化营销影响力

马云喜欢太极拳,爱看金庸的小说,这些均构成了阿里特殊的文化软实力。由于对太极思想内涵的深刻理解,马云将太极的收与放、阴与阳、聚与化渗透在阿里的管理理念中。因此,"认真生活、快乐工作、保持理想"就成了阿里的基本价值。

马云同时也是一个武侠小说迷,特别喜欢金庸,他说过,"男人一定要看金庸小说"。为此,他给自己起了个花名"风清扬",给他的办公室起名为"桃花岛"。马云通过在阿里引入武侠文化,让创业者"四海之内皆兄弟",强调平等、情谊、忠诚,使团队成员情同手足,从而大大提升了员工的使命感和归属感。

从更广泛的意义上看,马云利用中国传统文化,对内提升团队的凝聚力,对外形成阿里特殊的文化软实力,从而在残酷的互联网电子商务竞争中一路高歌,取得了靓丽的成绩单。

五、巧妙制造各种新闻点营销影响力

作为中国著名的企业家,马云深谙用各种象征事件来营销影响力的重要意义,他这方面的实践在中国企业家中也比较少见。

1. 利用阿里年会,向公众讲述阿里的传奇故事

2017年,在阿里18周年年会上,马云戴着面具,骑着哈雷摩托登场,跳起了迈克尔·杰克逊的经典舞蹈,给人留下了充满激情、时尚、活力的"酷"形象,令大量年轻消费者及粉丝们兴奋得尖叫不已。

2. 利用阿里每年一度的双十一"购物节"进行营销

阿里双十一"购物节"完全是马云团队一手"创造"的,马云深知节日对中国社会所产生的影响,他特意邀请冯小刚和湖南卫视与阿里一起打造了一个购物的全明星秀。为此,他不惜花重金邀请国内国际明星参加活动,还亲自出马,扮演"白雪公证""Lady Gaga""杀马特"等青年人所熟悉的艺术形象,通过这种搞怪的行为艺术娱乐大众,打造互联网购物狂欢节,从而使一个单纯的消费日变成了阿里与其粉丝共同欢庆的节日。

3. 别具一格的纽约股市敲钟

2014年9月19日,阿里在纽约上市。看到自己打造的中国最大的电商企业美梦成真,马云并没有自己敲钟以参与这个人生伟大的时刻,

而是精心挑选了8位阿里的客户来代表他敲钟。这8个人分别代表淘宝网店店主、快递员、用户代表、电商服务商、淘宝模特、云客服和一位来自美国的农场主。

马云虽然没有站在台前敲钟,但让8位客户敲钟,意义更加深远,也更加显示了马云善用象征意义提高影响力的卓越的营销能力。他解释说,"我们努力了15年,不是为了让我们自己站在台上,而是为了让他们站在那里。因为我们相信,只有他们成功,我们才会成功"。

4. 跨界混搭

马云天性开朗,能文能武,喜欢跨界混搭。他与中国大陆歌手李健合唱《传奇》,与王菲共同演唱歌曲《风清扬》,与李连杰、甄子丹、吴京等功夫明星共同出演功夫电影《功守道》,与现代派画家曾梵志联合创作油画《桃花源》……总之,马云利用一切热点事件来营销其影响力,凸显了互联网时代企业家应有的特质及他本人的才华与魅力,也强化并发展了阿里与用户及粉丝的关系。

六、利用国际平台大讲阿里的故事

中国蓬勃发展的互联网经济和马云本人流利的英语表达能力,也使马云同时成为中国企业家群体在国际舞台上的代言人。他在国际场合的各种演讲,不仅使世界看到了中国经济的活力,也使他们看到了中国企业家的充沛活力。仅2019年一年马云的飞行时长已经超过1 000个小时,几乎是一个职业飞行员一年的工作上限。

1. 出席各种论坛

马云利用各种论坛在国际上大讲特讲他的互联网商业愿景,认为人类社会必须充分利用好互联网经济,改变原来的增长方式,促进就业和经济繁荣。他每年在达沃斯世界经济论坛上的讲话还成为欧美媒体了解中国经济和创新创业的风向标。

2. 在高校演讲

作为曾经的高校老师，马云热爱学校，喜欢与学生交流，他深知学校和青年人对阿里社会形象提升的重要意义，所以积极参与学校的事务，并被授予香港科技大学、香港中文大学、台湾师范大学、特拉维夫大学、德拉萨大学等大学的名誉博士。他利用各种机会与大学生分享创业心得，其励志故事和极富魅力的演讲方式已成为世界青年了解中国创新创业的窗口，这也从另一个方面提高了阿里和他本人的国际美誉度。

3. 担任联合国高级职务

2016 年 1 月和 9 月，时任联合国秘书长潘基文聘请马云担任联合国"可持续发展目标"倡导者和联合国"青年创业和小企业"特别顾问。2018 年 9 月，现任秘书长古特雷斯任命马云为联合国"数字合作高级别小组"联合主席。

马云利用联合国平台，为青年创业站台，为小企业发声，为推动全球数字经济发展而服务的同时，也大大提升了他本人的国际形象，向世界各国营销了阿里的企业影响力。

然而，在马云的影响力营销中，其无所不在的曝光在一定程度上也导致公众对其"审美疲劳"，这是马云影响力营销的不足之处。在一定意义上，领导者在媒体上的"过度"曝光，而非"选择性"曝光也是目前各界领导者遇到的一种具有普遍意义的新的公关挑战。

一方面，领导者在面临一些重大的时代和社会话题时不能置身事外，公众需要了解其观点、立场；但另一方面，作为领导者，他们更应该充分考虑其言论的社会影响力而尽可能地"谨言慎行"，或者用行动来表明立场。

因此，远见营销固然重要，在影响力营销已无处不在的今天尤其如此，但其中对度的把握更是对领导者智慧的一种考验。

- "自由法国"时期戴高乐的军事执行力
- "自由法国"时期戴高乐的外交执行力
- 战后重建时期戴高乐的管理执行力

第六章

远见
的执行力

戴高乐领导力与大变局时代的启示

▼

管理大师德鲁克说过,"领导力就是有效的执行力";发明家爱迪生认为,"没有执行力的愿景就是幻觉";戴高乐则强调,"世界上再崇高的原则也只有在行动后才有价值"。

在领导力学中,执行力是一个非常核心的内容,它是赋予一个组织注入使命并动员人们围绕这个使命奋斗的一种组织实施能力。没有执行力,所有的领导力都是空谈,都是华而不实的空中楼阁。

在戴高乐的领导力实践中,执行力具有核心地位。没有戴高乐强有力的执行力,他那些伟大的远见充其量也只是振奋人心的口号或对荣誉与自尊的虚幻满足感,法国人民不可能冒着生命危险跟着他在纳粹铁蹄下予以绝地反击,戴高乐本人也不可能领导"自由法国"取得抵抗运动的最终胜利,更不可能在战后将一个积弱积贫的法国建设成为世界大国,在战后的国际格局中发挥着独特的引领作用。

第一节 "自由法国"时期戴高乐的军事执行力

1940年,戴高乐在伦敦展开抵抗运动后,他心里非常清楚,抵抗运动不能没有属于自己的武装,"自由法国"必须马上建立一支自己的军队,而且这支军队要有相当的军事实力,从而通过未来的实战打出

"自由法国"的尊严和国际地位，实现法兰西民族的最终解放。

这就是著名的北非比尔哈凯姆战役的背景。

1942年5月27日到6月11日，号称"沙漠之狐"的德国陆军上将隆美尔的非洲军团和意大利军团3万多人在利比亚比尔哈凯姆与"自由法国"准将柯尼希[①]率领的5 500名战士进行殊死交战。战斗持续16天，打得异常激烈与艰苦，轴心国方面3 300人伤亡、277人被俘，49架飞机、51辆德军坦克、13辆半履带车和超过100辆其他军车被毁。法军方面几乎打掉了99%的炮弹、142人阵亡、229人受伤、814人被俘，40门75 mm炮、5门47 mm炮、8门博福斯高射炮和50台车辆被毁。

这一战，法军以少胜多，以弱胜强，不仅洗刷了法军自1940年5月法德两军交战以来法军所蒙受的种种战败屈辱，重振了法军的军威，也在法国和国际上大大提升了"自由法国"的军事影响力。

法国的殊死艰守对英军在埃及的重整起到了极大作用，英军将领普雷菲尔认为，"自由法国"将士的英勇作战搅乱了隆美尔的计划，使英国第八军摆脱了被击溃的命运，从而为盟军后来的阿拉曼战役的胜利奠定了基础。

丘吉尔高度赞扬"自由法国"战士，认为正是这些将士们的顽强抵抗，为盟军争取了时间，从而"挽救了埃及和苏伊士运河的命运"。

胜利的消息传到英国，国会议员当场全体起立，向法军的英雄行

[①] 马里-皮埃尔·柯尼希（Marie-Pierre Kœnig, 1898—1970），法国著名军事家，1942年5月率"自由法国"战士在北非比尔哈凯姆战役以少胜多阻击德国隆美尔军队，1944年指挥"自由法国"参加诺曼底登陆，1944年8月任巴黎军事总督，1952年5月任法国德国占领区最高指挥官，后担任国民议会代表和国防部部长，1970年9月逝世，1984年密特朗总统追授他为法国元帅。

为致敬。在英国街头,人们见到戴高乐和"自由法国"战士会主动上来打招呼,通过他们向在北非浴血奋战的"自由法国"将士表示敬意。

消息传到柏林,希特勒极为震惊,他对身边的人说,这一战证明了他本人多年的一个观点,即"法国人是在欧洲除了我们(德国人)以外最好的战士"。

戴高乐虽然人在伦敦,但对前方的战事一直给予极大的关注,几乎战场上的所有行动都在他的掌控之中。他在《战争回忆录》里写道,当电报员把电报拿给他,并告诉他法军5 000名战士中有4 600人已安然撤离到英军防区时,他非常激动,紧紧地用双手握着电报员的手不放。

当天晚上,戴高乐到附近的教堂做礼拜,在回旅馆的路上嘴里还哼着感恩曲。

戴高乐在《战争回忆录》中写道,他眼中涌出激动自豪的喜悦泪水。他在给柯尼希的回电中说:"请告诉你的部队,整个法国在看着你们,你们是我们的骄傲!"

比尔哈凯姆战役是戴高乐执行力的一个典范,其情形就如同1937年10月26日至11月1日中国淞沪会战中的八百壮士"四行仓库"保卫战,如果说800壮士的英勇抵抗让全世界对中国人民的抗日决心刮目相看的话,那么比尔哈凯姆战役则打出了"自由法国"的英雄气概,从而使世界认识到"自由法国"已是世界反法西斯战争中一支不可忽视的力量!

第二节 "自由法国"时期戴高乐的外交执行力

戴高乐在与英美盟国反法西斯斗争的合作中同样遇到各种国家利益的博弈，但他审时度势，巧妙利用盟国的矛盾，与丘吉尔和罗斯福展开了施压和反施压的斗智斗勇的外交博弈，戴高乐每每处变不惊，体现了其深邃的外交思想及其强大的外交手腕和执行力。

一、戴高乐与丘吉尔的"爱与恨"

丘吉尔爱戴高乐，是爱他不屈不挠的抵抗精神，但恨的也是他不依不饶的倔脾气。当初丘吉尔收留戴高乐并支持戴高乐的抵抗运动是丘吉尔对德国的军事战略和英国最高国家利益的需要，但戴高乐级别太低，并不是当时丘吉尔心目中法国抵抗运动领袖的首选，只是当法国总理雷诺和内政部长乔治斯·曼德尔[①]这些主战的法国政治家纷纷弃船而跑时，戴高乐便成了丘吉尔唯一的选择。

因此，丘吉尔为戴高乐提供专机帮助他重返伦敦以举起抵抗运动的义旗，并安排他在 BBC 广播公司发表讲话，向其提供活动经费和住所，在第一时间承认戴高乐为"一切自由法国人的领袖"。

如果我们将戴高乐的"抵抗事业"视作"创业"的话，无疑，丘吉尔就是戴高乐的"天使投资人"。但戴高乐为了维护法国的最高利益，奉行独立自主的外交政策，尽管他在活动经费等方面需要丘吉尔的帮助，但接受这种帮助的前提是不能损害法国的利益。

---

① 乔治斯·曼德尔（Georges Mandel, 1885—1944），法国著名政治家，"一战"时期法国"老虎总理"克莱蒙梭的助手，曾在雷诺政府担任内政部长，积极主张对德国抗战，是雷诺政府中坚定的主战派代表。

也就是说，戴高乐需要"天使投资人"的钱，但他不能接受"天使投资人"对其日常管理工作的干预。

为此，从一开始，戴高乐就像爱护眼睛一样保护"自由法国"的独立性，高度警惕"天使投资人"丘吉尔将"自由法国"变成他的傀儡或小伙计，或将"自由法国"变成一支英军中的法国（外籍）兵团的想法。

正是戴高乐这种独立自主的意志和丘吉尔作为戴高乐最大的政治支持者的身份，使两者之间又爱又恨的关系持续了整个"二战"反法西斯斗争的全过程。

换言之，当英法利益一致时，丘吉尔与戴高乐的关系就非常融洽，即使英国的做法在短期内有损法国的利益，例如，英国海军炸毁法国维希政府海军军舰时，戴高乐也能够超越情感，对丘吉尔的做法给予支持。

再如，当丘吉尔劝说戴高乐与吉罗将军于1943年1月17日在摩洛哥见面，以照顾罗斯福总统的面子和维护盟国之间的团结时，戴高乐也听从丘吉尔的劝告。戴高乐认为，即使他再不情愿与吉罗将军见面，也要顾全大局，并当着丘吉尔、罗斯福和世界媒体的面大大方方地与吉罗将军握手言和。

但是，当丘吉尔的做法对法国的国家利益造成损害时，戴高乐就会予以反击，如戴高乐预感到英军会染指黎巴嫩、叙利亚、突尼斯等北非法国的事务时，戴高乐就坚决反击。

当英军以对德作战需要为由擅自登陆和接管法属马达加斯加岛时，戴高乐第一时间向丘吉尔表示严重抗议，并迫使英国让步，将岛屿的管理权交还给戴高乐领导的"自由法国"。

在戴高乐与丘吉尔的冲突最严重的时候,丘吉尔停止了戴高乐与海外其他地区的"自由法国"的电报联系长达 11 天,也就是说这 11 天里,丘吉尔让戴高乐"耳聋眼瞎",让他的指挥系统瘫痪。丘吉尔希望通过这样的施压手段让戴高乐听话。

有一次,丘吉尔还公然要求内阁停止对戴高乐的财政支持,给戴高乐"断粮",从而使其"悬崖勒马"。

丘吉尔在与戴高乐面对面的争吵中,还经常威胁戴高乐要把他流放到大西洋的荒岛上。

戴高乐将军、罗斯福总统和丘吉尔首相 1943 年 1 月 17 日在北非摩洛哥

李小超 绘

然而，面对这些恫吓，戴高乐每次都不为所动，坚持原则。有意思的是，每次最终先作出让步的还是丘吉尔本人。

如果说戴高乐与丘吉尔最大的冲突在于后者对罗斯福打压戴高乐的做法或作壁上观或充当无情的帮凶的话，最让戴高乐不能接受的是盟军最高司令部受罗斯福指示向戴高乐严格保密诺曼底登陆计划，对此，就连丘吉尔本人都觉得有点过分。

1944年6月4日，在盟军登陆前的48小时，丘吉尔在他赴朴次茅斯港视察盟军登陆准备的火车上接待了戴高乐，并向戴高乐通报了盟军两天后的登陆计划，但强调盟军最高司令部无意让"自由法国"参与此次登陆计划。

戴高乐听罢怒不可遏，当场向丘吉尔发飙。

戴高乐咆哮着说，如果盟军最高司令部将"自由法国"排挤在6日的登陆行动外，那么，"自由法国"将抵制这样的登陆行动，并停止法国抵抗运动与盟军的合作。

面对像一头被激怒的狮子一样的戴高乐，丘吉尔寸步不让，威胁要停止对戴高乐的支持，严格限制戴高乐的行动自由等，但戴高乐不为所惧，明确表示如果将"自由法国"排挤在登陆行动以外，那么，盟军登陆后将得不到任何"自由法国"及法国全国抵抗运动的支持，更不要想赢得法国人民的理解和支持。

由于英美军队没人能讲法语，戴高乐在诺曼底的200名联络员就成了戴高乐与丘吉尔针锋相对的王牌。

最终，丘吉尔同意向罗斯福转达将戴高乐的"自由法国"纳入盟军诺曼底登陆计划中的建议，否则，盟军登陆会因没有法方当地人员的支持而难以确保登陆行动的胜利。

最后，罗斯福不得不同意戴高乐的要求，"自由法国"参与盟军登陆计划，戴高乐同时通过广播要求法国人民立即行动起来，积极配合盟军的解放行动。

正是由于戴高乐的坚持，盟军被迫同意"自由法国"参与登陆，而这一极富象征性的军事行动彻底改变了法国战后的命运。

根据罗斯福的设想，与德国、意大利一样，战后的法国将作为战败国置于美国的军事管辖下。此外，法国的阿尔萨斯、洛林和香槟三个地区也将从法国分割出来，并与比利时法语区建立一个瓦隆国作为德法之间的缓冲国。

戴高乐为此与丘吉尔大吵，丘吉尔作为英国首相，是最了解法国利益诉求的欧洲人，在这样大是大非的问题上竟然不替法国人说话，反而默认了罗斯福的无理主张，这让戴高乐大为伤心，并对丘吉尔深深失望。

然而，就英法关系而言，丘吉尔直言不讳地告诉戴高乐，"每当我们不得不在欧洲和大海之间作出选择时，我们会永远选择大海。每当我必须在您和罗斯福之间作出选择时，我将始终选择罗斯福"。

丘吉尔甚至露骨地说，英国离不开美国的支持，没有美国，英国人就不能赢得抗击纳粹德国的胜利。设身处地替丘吉尔考虑，丘吉尔的做法也是英国的最高国家利益使然。

虽然丘吉尔反感戴高乐，有时甚至达到憎恶的地步，但他又是戴高乐和法国抵抗运动坚定的支持者。可以说，没有丘吉尔的支持，戴高乐就不可能在伦敦生存，法国的抵抗事业就不能发展，更不要说在战后国际政治制度安排中,法国在丘吉尔的争取下成为安理会五常之一和占领德国的四大国之一,并出席德军和日军的受降仪式。

菲利普在《我的父亲戴高乐》一书中谈到戴高乐曾向其提及他与丘吉尔的关系。

戴高乐说:"他(丘吉尔)热爱法国,他甚至打算把英法两个国家联合在一起。""没有哪位英国领导人会像丘吉尔那样有勇气。如果没有丘吉尔,英国就面临灭顶之灾。而没有丘吉尔的英国抗德事业,就不会有法国的抗德事业。"[1]

在戴高乐的《战争回忆录》中,他也对丘吉尔在法国最困难的时候帮助法国心存感激。戴高乐说丘吉尔热爱法国,热爱法国文化。在回忆录中,戴高乐甚至形容丘吉尔是一位伟大的罗马皇帝,一位"了不起的(政治)艺术家。"

但戴高乐同时也承认,丘吉尔需要维护英国的利益,而他则需要维护法国的利益,所以他们的争执都是为了不同的国家利益。在戴高乐看来,丘吉尔率领的英国反法西斯斗争离不开"自由法国"的道义,甚至军事支持。

同样,由于英法相似的历史背景,英国未来在欧洲和世界的利益离不开法国的支持,这种利益的一致性使戴高乐与丘吉尔的冲突总是在可控范围之内。

关于法国和英美媒体描述的他与丘吉尔的矛盾,戴高乐听之任之,因为他与英国关系的紧张只能说明他戴高乐的独立精神,这样无论面对法国舆论还是美国舆论,包括美国总统罗斯福本人,对"自由法国"

---

[1] Philippe de Gaulle, Michel Tauriac. De Gaulle, Mon Père [M]. Paris:Plon, 2014.

来讲都没有什么坏处。

二、戴高乐与罗斯福的针锋相对

与戴高乐和丘吉尔的"爱与恨"关系相比,戴高乐与罗斯福的关系就显得更加复杂,也更难处理得多。原因非常复杂,主要有以下几个方面。

(1)与当时的法国现实情况有关。法军在"二战"一开始就不堪一击,整个政界和军界投降主义盛行,没有任何抵抗的意愿,沦为德国附庸的速度之快让世界震惊。法国当时政府的做法让罗斯福从一开始就从内心瞧不起法国人。

(2)由于法国的沦陷,法国在世界反法西斯阵营中几乎没有任何与美、英两国比肩的政治、军事和外交资本,更不要说与强大的美军进行对话或军事合作。虽然戴高乐的使命非常明确,他要让祖国尽快脱离苦海,实现国家解放、民族独立和主权完整,但这并不是罗斯福的使命。罗斯福的使命是尽量减少美军在欧洲战场的伤亡和尽可能地使美国的各种利益最大化。因此,不同国家利益的考量使罗斯福很难理解戴高乐的诉求,而且认为这些诉求在许多方面极不合理。

(3)罗斯福是个新教徒,恪守民主,反对独裁。戴高乐是个军人,没有任何民选职务,也没有得到任何政党支持,更没有任何政纲。在罗斯福看来,戴高乐是一个非常危险的独裁者,一旦大权在握,就极有可能成为希特勒式的人物。

(4)戴高乐的性格桀骜不驯,坚持真理,不畏强权。戴高乐认为,他代表法国合法政府抵抗德国法西斯是正义的事业,他没有什么有求于美国之处。而在罗斯福看来,戴高乐无一兵一卒,所有抗战物资严重依赖美国政府援助,这种高傲的态度与实力严重不相称,是一种不自量力的法兰西式的狂妄。

为此,罗斯福常常感慨,"我怎么同一个整天将自己要么看作是拿破仑,要么看作是圣女贞德的人打交道?"而戴高乐则表示,他是在英、美、法三国游戏中唯一的"可怜虫",法国已经什么都没有了,实在输不起,他必须"寸步不让"。

(5)法国媒体的丑化。法国媒体总部在法国本土,被维希政府所控制,它们出于自身利益,从戴高乐揭竿而起的第一天开始就对戴高乐作了大量负面报道,导致罗斯福从报纸上得出法国人不喜欢戴高乐的印象。因此,他对戴高乐第一印象就很不好。

(6)外交系统的错误信息。法国向德国投降后,美国政府依然与维希政府保持联系,其驻法大使更是活跃在法国社交圈,他们接触的人都是法国政府高官和法国军队的将军,这些人理所当然地反对戴高乐,原因是戴高乐已被维希政府宣判死刑,是一个向丘吉尔出卖法国利益的"卖国贼"和"叛徒",大使不加分析地将这些信息用电报发给罗斯福,导致罗斯福对戴高乐的厌恶感再度上升。

与此同时,在华盛顿,原法国外交部秘书长、诗人圣-琼·佩斯,也是一个反戴高乐的极端例子。因绥靖思想被主战派总理雷诺解除职务流亡美国后,琼·佩斯出于对戴高乐抵抗运动的天然抵触,到处在美国说戴高乐的坏话。其他在华盛顿的法国人也不了解戴高乐,客观评价戴高乐的人甚少,闲言碎语却很多,这些均使罗斯福对戴高乐产生了先入为主的偏见。

此外,除了罗斯福对戴高乐的印象不好外,戴高乐与罗斯福冲突的最根本原因还是国家利益的冲突,如"自由法国"在法国海外领地和北非的领导权、"自由法国"的合法性、盟军解放法国时法国的划分及法国在战后世界格局中的地位等。而戴高乐不畏强权，其"四两拨千金"的外交谋略和执行力可圈可点。

1. 针对法国海外领地

为防止法国位于纽芬兰岛的圣皮埃尔岛和密克隆岛的电台被德国潜水艇击落，1941年12月14日，罗斯福给维希政府首领贝当写信，以保证维持法属安的列斯和北非的现状来换取法国舰队的中立。

由于此举间接否认了戴高乐"自由法国"的合法性，戴高乐十分愤怒，立即下令"自由法国"军队占领圣皮埃尔岛和密克隆岛，这让美国十分难堪。

为挽回脸面，罗斯福声称要派遣军舰占领圣皮埃尔岛和密克隆岛以赶走"自由法国"。丘吉尔让外交部长艾登向戴高乐转达了罗斯福的警告，但戴高乐不为所动，并请艾登转告华盛顿方，"美国军舰来，'自由法国'海军上将会邀请美国舰长在法国海军的军舰上共进午餐，以表达敬意；如果美军还执意往前开，那么对不起，我们将用大炮攻击美国人，把他们赶走"。

艾登将此话转达给美国后，美军再也没有来犯。

2. 针对"自由法国"的领导权

罗斯福一方面不承认戴高乐是法国的合法领导人，另一方面为减少美军在战场上的损失，又明里暗里与维希政府保持联系，试图物色美国的代理人。罗斯福心仪的代理人是代总理达尔朗海军元帅，但此人被抵抗运动者暗杀，罗斯福又转而扶植北非法军司令吉罗陆军上将，并利用其赴德黑兰与斯大林会晤之际，特意邀请戴高乐在1943年1月

22日到卡萨布兰卡与吉罗会晤。

戴高乐对罗斯福胁迫他与吉罗会晤，特别是强迫他归顺吉罗非常恼火，但戴高乐将计就计，在后来组建的"法兰西民族解放委员会"双主席机制中巧妙利用其他五名成员将没有政治经验的吉罗架空，并逼迫其出局，反而确立了戴高乐唯一的领导地位。

罗斯福曾赤裸裸地对戴高乐的特使说过："当然，我愿意与达尔朗打交道，因为达尔朗给了我阿尔及尔！明天，如果拉瓦尔给我巴黎，我也会与拉瓦尔打交道！"言下之意，戴高乐不能满足罗斯福的意愿，自然得不到他的支持。

3. 针对"自由法国"作为法国临时政府的合法性

戴高乐以法国元首的身份对在伦敦的比利时、卢森堡、南斯拉夫、挪威、意大利、波兰和捷克流亡政府进行高频率访问，并接受国家元首的待遇，但在他1944年到华盛顿访问罗斯福时，后者并没有按迎接国家元首鸣礼炮21响的礼节欢迎他，而是以欢迎一位军事领导人的规格鸣炮17响。

但是，戴高乐领导的法国抵抗运动的正当性和辉煌战绩已成为不争的事实，其在法国本土对德军给予打击并配合盟军登陆，里应外合，发挥了盟军起不到的作用。随着1944年8月25日巴黎解放，戴高乐已成为法国不争的首脑。1944年10月23日，罗斯福最终宣布承认戴高乐领导的法国临时政府，戴高乐终于成为在美国人心目中法国的合法领袖。

4. 针对美军对法国的军事占领

由于美国希望在战后主宰欧洲，一个软弱的领导人和被削弱的法国最符合罗斯福的如意算盘。因此，罗斯福背着戴高乐制订了一个详细的接管计划，成立了相应接管机构并印制了货币。

戴高乐闻讯后怒不可遏，马上要求其驻诺曼底专员禁止法国公务员和老百姓与美军合作，并禁止美国占领军的货币在解放区流通，从而在技术层面上打碎了罗斯福试图将法国作为战败国对待的图谋，为法国争取战后的大国地位打下了基础。

5. 针对解放巴黎和保卫斯特拉斯堡

1940年6月6日盟军在诺曼底登陆后，法国各地的抵抗运动深受鼓舞，巴黎更不例外，但盟军总司令艾森豪威尔根据罗斯福的指示，一直拒绝解放巴黎，声称是为了防止与德军巷战，避免巴黎与德军玉石俱焚。

为保护巴黎的抵抗运动不被德国血洗，同时从德军手中解放最具象征意义的法国首都巴黎，戴高乐命令德克莱克将军率领其装甲旅进攻巴黎，并于同年8月25日解放巴黎。

同样，艾森豪威尔因为考虑到阿登山战役的实际作战需要决定放弃斯特拉斯堡时，戴高乐对此极为愤怒，表示一旦盟军放弃斯特拉斯堡，法军将单方面浴血奋战。同时，戴高乐要求法国铁路当局停止运送美军投放阿登山战役的战略物资。

这一次，在戴高乐的强大压力下，艾森豪威尔又不得不修改盟军作战计划，并帮助法军守护斯特拉斯堡。

6. 针对法国在战后国际地位的安排

由于罗斯福一直把法国视作战败国，因此在建立战后国际大国体制时根本就没有想过法国，而只考虑了美英和苏联。后为制衡苏联，罗斯福又将"中华民国"拉进大国游戏框架,确定了美、苏、英、中四大国的联合国机制。戴高乐作为光复后的法国临时政府首脑连雅尔塔会议都没有被邀请。至于战后对德国的占领,丘吉尔提议吸纳法国,罗斯福和斯大林则以法国投降德国为由拒绝让法国参加对德国的占领。

在此关键时刻,戴高乐一方面告诫罗斯福,恢复法国昔日的地位对欧洲的平衡有着不可替代的作用,另一方面又拉拢丘吉尔,警告他一旦法国的大国地位不保,殖民体系崩塌,美苏必将肢解英国的海外殖民地,因此,只有法英两国联合才能保证两国殖民帝国不被瓦解。

与此同时,戴高乐打苏联牌,明确告诉美英两国,如果法国在欧洲大陆出局,欧洲将早晚处于苏联的红色统治之下。戴高乐这样的警告使丘吉尔、罗斯福这两位西方世界的领袖真正意识到法国对抗红色苏联的战略价值。

1944年12月10日,为刺激罗斯福,戴高乐赴莫斯科与斯大林签署《法苏友好条约》,高调渲染法苏友好,暗示英美,一旦美英抛弃法国,不排除法国投向苏联的可能性。而早在1941年9月26日,斯大林就承认戴高乐是所有法国人的领袖。1942年戴高乐还命令"自由法国"的空军到苏联的东线参战,帮助苏联红军。因此,戴高乐与斯大林一直保持着良好的关系。

关于占领德国,戴高乐在盟军向德国本土进攻时,就不顾盟军最高司令部的禁令,要求德克莱克将军从斯特拉斯堡越过莱茵河占领斯图加特等德国地区,造成法军占领德国的既成事实,以便在战后处理德国问题时拥有更多的发言权。

为此,戴高乐还坚决要求法国参与德国受降的签字仪式(戴高乐同样派出德克莱克将军代表法国在美军"密苏里"号战舰上签署日本的投降书)。

有鉴于戴高乐主动外交的各项积极成果，在丘吉尔的一再建议下，罗斯福最终同意将法国吸纳为安理会常任理事国，并与美、英、苏一起参与对德国的占领。

在《战争回忆录》中，戴高乐对此感慨道，"罗斯福的野心是极大的，他的智慧、知识、胆量促成了他野心的资本。他的国家是一个强国，而他是这个强国的领导人，这就使他的野心找到了出路，而战争又给他的野心创造了机会。如果说他所领导的伟大民族长时期倾向于门罗主义，不去过问远方事务，倾向于不信任被战争和革命所不断冲击的欧洲，那么现在就是有一种救世主思想唤起美国人的心灵，把它卷进广阔的计划之中。美国欣赏自己富有的资源，它觉得自己的力量在国内找不到广阔的场所或区域，所以要辅助全世界所有贫困和被奴役的国家。因此它倾向于含有统治本能的干涉。罗斯福总统出色地遵循了这种倾向，所以他想尽一切办法使他的国家参加世界性冲突"。[①]

同样，在罗斯福眼中，戴高乐一直是令盟军领导"头疼"的问题，是鸡肋，但又不能随意抛弃和处置，其原因就是戴高乐的象征意义和他法理的正当性。正是由于戴高乐看到并看穿了这一点，他才能与罗斯福"斗而不破"，越斗越勇。

戴高乐从本质上看透了罗斯福解放法国后的政治意图，认为美国解放法国是想实现另一种形式的对法国的"占领"，美国牺牲法国的利益，为的是让美军在与德军作战的战场上少作出牺牲。

---

① 夏尔·戴高乐. 战争回忆录 [M]. 陈焕章，译. 北京：中国人民大学出版社，2015.

戴高乐领导力与大变局时代的启示

为此,戴高乐一直耿耿于怀,即使在战后他担任法国国家元首后也从不出席纪念盟军诺曼底登陆的任何活动。

佩雷菲特在《这就是戴高乐》一书中回忆道,戴高乐就此事对他说过,"美国人并不像俄国人关心波兰人的解放那样关心法国的解放","美国人想要的是以最少的人员伤亡消灭希特勒,要的是尽量防止美国大兵流血,而不关心法国人的鲜血、痛苦和荣誉"。①

戴高乐与罗斯福斗智斗勇,斗而不破,其外交智慧和手腕堪称大师。为此,美国肯尼迪总统的安全顾问亚瑟·施莱辛格曾评价戴高乐说,"历史经验证明,戴高乐是20世纪最有成就、最灵活、最有才华的政治家之一。他知道在正确的时刻主动采取行动,才能在'二战'期间成功管理其与罗斯福和丘吉尔的关系并使自己毫发无损。他知道如何捍卫法国利益,又不至于逼迫英美将其废黜或将其干脆投入监狱"。

第三节 战后重建时期戴高乐的管理执行力

戴高乐在《希望回忆录》中专门谈到战后经济重建的重要性,他说,"(经济)体现国家的价值和在对外关系上所具有的分量,是国家的力量、影响、威望所赖以建立的基础,也是美好生活和安全所必需的基础,这就是人民称之为幸福的东西"。②

戴高乐在书中还写道,"作为法国的首脑,无论是在风平浪静时,

---

① Alain Peyrefitte. C'é tait de Gaulle [M].Paris: Gallimard, 2002.
② 夏尔·戴高乐.希望回忆录 [M]. 希望回忆录翻译组,译.北京:中国人民大学出版社,2005.

还是在狂风暴雨时,我总是把经济和社会问题摆在我的活动和关心的首位。在处理这些问题时,我要按照我的本性不断地努力抓住问题的实质,我不会相信许多博学之士在各方面耍弄着理论万花筒抽象地提出来的变化无常的意见。那么我应该做什么呢?这是一个非常普通的问题,在工业化时代,它必须工业化,在竞争时代它必须有竞争力,在科学或技术时代,它必须提倡科学研究。"①

一、彻底解决法国的通货膨胀问题

"二战"刚结束的法国,遍地疮痍,战争破坏和德国占领期间的残酷掠夺,使法国蒙受了近两万亿法郎的经济损失。1944年法国工业生产指数只相当于战前1938年的四成。

尽管第四共和国对法国战后重建有所贡献,但1958年执政的戴高乐,面临的却是1.2万亿法郎的财政赤字和30亿美元的外债,外汇储备只有6.3亿美元,而此时法国还在进行阿尔及利亚战争,财政开支巨大。

为解决财政赤字导致的严重的通货膨胀问题,戴高乐根据财政部部长比内②的建议,在法国发行公债,并亲自在电视上发表讲话,呼吁法国人民用爱国热情来购买公债,与国家共克时艰。此外,比内还向戴高乐建议,向欧洲邻国放开贸易管制,并实现90%的自由贸易和与美元区国家50%的自由贸易。

---

① 夏尔·戴高乐.希望回忆录[M].希望回忆录翻译组,译.北京:中国人民大学出版社,2005.
② 安托万·比内(Antoine Pinay,1891—1994),法国政治家,曾多次担任法兰西共和国部长,1952年曾任总理,1958年推动戴高乐复出并担任财政部部长,为战后法国金融稳定做出了贡献。但由于与戴高乐在处理阿尔及利亚问题上的分歧,于1960年辞职。1973—1974年担任法国首位共和国调解员。

根据财政专家鲁夫①和财政部部长比内的建议,戴高乐还决定让法郎贬值17%,即100个老法郎兑换一个新法郎,史称鲁夫—比内计划。

为配合货币贬值,戴高乐必须增加税收,减少公共财政支出,尤其是降低对法国"一战"老兵的抚恤金并冻结农产品价格,此举遭到了社会各界包括内阁部分部长的反对,戴高乐的坚定支持者、社会党人居伊·摩勒(Guy Mollet)甚至为此提出辞职。但戴高乐不为所动,他表示,法国的利益属于全体法国人,他就像一个火车司机,不管乘客说什么,把他们带到他们应该去的地方,就是戴高乐的责任。

在戴高乐的坚定支持下,鲁夫—比内计划大获成功,戴高乐一举解决了法国通货膨胀这个老大难问题,从而使法国经济在战后迅速腾飞。

二、制订法国式的"计划经济"

为使战后法国的经济发展更加迅速和均衡,早在1946年戴高乐还是临时政府总理时,他就建立了法国"国民经济计划署"。1958年戴高乐复出,他对法国式的计划经济更加重视,并通过第三个(1958—1961)、第四个(1962—1965)和第五个(1966—1970)"四年计划",使法国经济出现飞跃发展的同时,也使法国的工业门类更为健全。

戴高乐认为,如果要将法国百废待兴的国民经济发展成独立自主、现代化门类齐全的产业,最有效的方法是将市场与计划有机结合,并据此提升法国产业在国际市场上的竞争力。为此,戴高乐通过减税、发行公司债券和政府优先贷款等方法促进企业集中和合并,大大提升

---

① 雅克·莱昂·鲁夫(Jacques Léon Rueff,1896—1978),法国经济学家、政府财经高官,曾为20世纪20~30年代法国法郎的稳定发挥过重要作用。1958—1960年为戴高乐的新法郎政策出谋划策,并由当时财政部部长比内实施,即历史上的"鲁夫—比内计划"。鲁夫坚决反对凯恩斯经济主张,发表多篇重要学术论文,1964年当选为法兰西学院校长至1978年逝世。

了法国企业的规模和竞争实力。

通过这一系列"四年计划"以及相关行业中的龙头国有公司与政府对研发的大举投入,法国在核能源、高铁、航空航天等领域建成一大批新兴企业并成为世界企业的标杆,如在航空领域诞生了空中客车工业公司,在太空领域诞生了阿丽亚娜空间公司和欧洲航天局,在核工业领域成立了原子能委员会和现在以阿海珐集团为代表的民用核电工业,在计算机行业虽未实现目标,但由此创建了国家数字科学技术研究所和当年可与美国计算机巨头国际商业机器公司(IBM)比肩的法国超级计算机公司布尔(Bull),以及法国的高铁和生物工程等方面的许多重大项目。

此外,在国家基础研发方面加大政府投入,其占比从 1958 年占 GDP 的 2.46% 上升至 1969 年的 6.2%。同年,科研人员也从 1958 年的 9 000 人上升到 31 000 人。

戴高乐通过国家干预,创建了国家农学研究所、空间研究所、卫生与医学研究所、计算机科学与自动化研究所、海洋开发中心等,这些领域研发投入的加强巩固和发展了法国在世界科技竞争中的领先地位。

戴高乐在《希望回忆录》中专门谈到国家对经济调控的作用,他说:"首先应该抓住计划,因为它关系全局,规定目标,安排轻重缓急的次序,使负责人员甚至群众意识到什么叫整体组织或连续性,因为计划能弥补自由的缺点,而同时不使它失去优点。因为计划是杠杆,能把我们的产业界调动起来,迫使它们实现高产,引导各企业联合起来,带领它们参加国外的竞争。"①

---

① 夏尔·戴高乐.希望回忆录 [M].希望回忆录翻译组,译.北京:中国人民大学出版社,2005.

三、国家经济与社会协同发展

戴高乐在大力发展法国经济的同时非常注意经济与社会的协同发展,他加大对高速公路、铁路、电话、医院、学校、城市廉租房等的公共投入,并建立健全法国特色的福利经济,实行免费教育和医疗,提倡劳资对话,鼓励员工持股和推行农业改革,从而使法国经济在战后实现腾飞,1960 年经济增长甚至达到 7.9%。

由戴高乐开创的法国战后经济增长一直持续到 20 世纪 70 年代中期西方出现的石油危机,法国人将这段法国战后经济腾飞,特别是戴高乐执政期间开创的法国经济高速腾飞的历史称为"光辉 30 年"。

在这 30 年里,法国 GDP 年均增速 5.7%,高于美、英和联邦德国。1973 年,法国 GDP 达一万亿法郎,人均国民收入突破两万法郎,且法国实现了充分就业,失业率仅 2.8%。

▇▇ 讨论 | 远见的执行力

从戴高乐远见执行力的案例故事我们看到,如果没有超强的执行力,戴高乐就不可能赢得抵抗运动的胜利,也不可能在战后法国经济重建中获得如此靓丽的成绩单,法国更不可能成为有别于美苏的世界第三种力量,戴高乐的历史作用也就会局限于一位拯救法国命运的英雄、一位杰出的军事家或外交家,而非一位真正的领袖和 20 世纪的世界伟人。

管理大师德鲁克说过,"有效的领导力与发表多少演讲或一个人是否受人欢迎无关。领导力是由结果而不是一个人的特性来决定的"。

第六章 远见的执行力

在现实生活中，领导者中不乏雄心勃勃者，他们或魅力四射，或口若悬河，但由于没有具体的实施行动，他们最终失去追随者，从而成为坐而论道者或让人贻笑大方的空谈家。

同理，在企业生活中，没有执行力的企业家，即便他拥有高明的远见，诱人的商业模式或领先的科学技术，如果没有落地实施，一切都是空中楼阁，企业家也只能称为梦想家。

案例
马斯克的执行力

在当今世界，马斯克是美国乃至全世界自乔布斯以来最具传奇色彩的创业家，他在短短的20多年时间里投资或创建了7家科技公司，其中特斯拉电动汽车和太空探索技术公司（SpaceX）更是颠覆了整个行业，让全世界看到了一个偏执的技术完美主义者是如何为人类打开新世界的大门，并将各种人类预想的技术变为现实的。

中国的读者大多对马斯克的创新创业故事耳熟能详，他那种对创新的执着、疯狂、我行我素和坚持不懈，包括其酷炫的人生故事激励了许多中国青年创业者。

我们从马斯克的成长轨迹中可以看到，他从一个带着南非口音的硅谷年轻创业者成为"硅谷钢铁侠"，又从一个硅谷追梦者成为美国首富，秘诀就是"执行力"这个关键词。

一、产品管理执行力

马斯克早年和他的兄弟一起创建了网上出版软件公司 Zip2 及网上支付软件公司贝宝（Paypal）。虽然有一定的行业预见性，但由于当时的市场不成熟，规模太小而没有强大的资本进入。后来，他将自己全部的财产投入航空航天、电动汽车和太阳能等行业，这些企业都是技术和资金门槛高、竞争者众多且发展长期处于停滞不前的高科技行业。

正是由于这些企业拥有极高的技术门槛，这些技术在某些方面甚至是颠覆性的创新，这才更加凸显了马斯克这位"技术控"强悍的产品管理执行力。

1. 视产品为生命

马斯克是硅谷有名的技术狂人，他一周 80% 的时间都在开发产品，整天与工程师们一起开会讨论问题，一起加班。马斯克传记《硅谷钢铁侠》的作者万斯在书中写道，在马斯克的火箭发射创新工厂马斯克之地（Maskland），马斯克走在路上都会被工程师拦住问问题，他也会随时随地问工程师们问题。在 SpaceX 公司，马斯克不仅担任首席执行官，还亲自担任首席技术官（CTO）。马斯克由衷地喜欢产品开发，并认为在企业家、创业家、CEO、美国首富或其他任何头衔中他更看重自己工程师的身份。

2. 重视细节

马斯克懂得，高质量的产品源于细节，只有注重细节才能让顾客有良好体验，让他们开心，给他们留下好印象。如在创建贝宝时，他经过五次破坏性调整，最终创造了世界上最大的第三方支付工具。

在打造特斯拉电动汽车的过程中，从汽车的实用性到高科技、艺术性,马斯克都要亲自过问。他坚持要在驾驶室安装液晶17英寸屏幕,坚持要用铝合金制造车身以减轻车重。在特斯拉推出7座SUV时,马斯克亲自到车里试坐,他发现内部空间太窄而要求重新设计。马斯克认为,不仅车体外观要看起来宽大,内部同样要宽敞实用。

在特斯拉Roadster车身碳纤维遇到问题时,他亲自乘私人飞机去英国搜集相关新原料,然后又亲自将它送到法国工厂生产。猎鹰火箭发射失败后,他穿着意大利名牌衣服和皮鞋,与工程师们一起摸爬滚打,研究冷却室优化问题,衣服弄脏了也全然不顾。

3. 反馈回路

马斯克认为,提高产品质量的最好方法就是听取消费者对产品的反馈意见。每一款特斯拉新车上市后,马斯克都要从谷歌搜查有关的负面消息,并要求员工像他一样关注客户的负面意见。在征求员工对产品的设计意见时,他要求员工不要说自己"喜欢什么",而要强调"不喜欢什么",从而通过这样的内部反馈改进产品质量。

4. 跨界整合

马斯克是计算机工程师,学习能力极强,在产品开发方面善用互联网思维进行资源整合,如他打造的电动汽车特斯拉就是互联网时代的物联网(Iot)产品,从设计理念到用户体验无不反映出移动互联网的特质。

此外,从猎鹰火箭系列到"龙"飞船也处处体现了马斯克的互联网思维,并在这种思维下改变了美国火箭发射市场的商业运营模式。他所建立的开放办公空间、畅通的沟通互动模式等不仅优化了产品,也大幅度降低了火箭发射成本,从而在美国乃至世界航空航天领域发动了一场新的技术革命。

因此有人认为，与其说 SpaceX 是传统的航天企业，不如说是一家互联网公司。

二、成本控制执行力

2002 年 6 月，马斯克怀揣他出售贝宝公司所得的 1 亿多美元，怀着童年的梦想创建了美国太空探索技术公司（SpaceX）。作为一个航空界的"素人"和民营企业的"搅局者"，突然闯入技术壁垒和资金要求特别高的火箭发射市场，他深知只有价格优势才能打破这个长期由美国政府和波音等大企业垄断的市场，从而找到 SpaceX 的立锥之地。

于是，他提出 SpaceX 应该是航天市场的西南航空公司这样独特的市场定位。

1. 从市场分析中挖掘潜能

马斯克发现，随着越来越多的国家或机构争先恐后地将侦察、通信、电视、网络、气象、导航和影像卫星送入太空，火箭发射市场规模已从过去每年 600 多亿美元增至 2 000 多亿美元。在这个市场中，美国每年制造的卫星占全世界的 1/3，其卫星和发射卫星的营收占全球的 2/3，剩下的 1/3 由中国、欧洲和俄罗斯分享。

与此同时他还发现，由于国家垄断太空产业，几十年来美国火箭发射市场没有任何进步，而作为一家私营企业，他完全可以避免像波音、洛克希德·马丁那样的政府承包商的资源浪费和低效率，如发射一枚 550 磅载荷火箭的成本他们需要 3 000 万美元，而"猎鹰 1 号"只要 690 万美元，并且载荷超过前者的 3 倍，为 1 400 磅。

2014 年 3 月，马斯克向国会表示他发射的火箭只需要 6 000 万美元，如需考虑到保密需求,最高发射价格也只有 9 000 万美元,是波音、洛克希德·马丁等发射商 3.8 亿美元价格的 1/4。

2. 秉承物理学"第一性原理"

马斯克运用第一性原理了解到火箭由航空级铝合金、钛合金、铜和碳纤维等原材料组成,这些原材料成本只占通行价格的 2% 左右,而这种价格差异是航空工业普遍的"材料外包"造成的,换言之,如果他能从原材料入手,火箭成本下降的空间会特别大。

依此类推,他发现波音等竞争对手的发射成本之所以那么昂贵,不仅是因为原材料采购毫无管控,还因为在火箭生产的零配件方面也几乎是大手大脚地一概依靠外部供应商所造成的。

3. 自己动手,丰衣足食

马斯克要求零部件生产充分自给,如对于发射火箭需要的电动作动器,工程师戴维斯没有相关经验,就本能地联络了一家供应商,对方报价 12 万美元。马斯克听完后大笑,让戴维斯自己开发产品,但预算只给他 5 000 美元。9 个月后戴维斯花了 3 900 美元制造出了一台作动器,效果一模一样,仅此一项,他就为公司节约了 11.61 万美元。

此外,通过自行设计主板、电路、探测震动传感器、飞行计算器和太阳能板等,马斯克不仅使 SpaceX 设备重量减少了 20%,而且使费用降至 5 000 美元,而其竞争者的价格却是 5 万至 10 万美元,是其价格的 10~20 倍。

还有一个成功的例子就是"龙"飞船,其总成本为 3 亿美元,是其他公司生产的宇宙飞船成本的 1/10,甚至 1/30,原因也是马斯克实现了产品自给,从采购金属原材料到设计、加工到成品,全是 SpaceX

内部生产。

4. 反复试用

马斯克希望通过技术创新尽量延长火箭的发射寿命,到目前为止,猎鹰系列已有24次回收成功。马斯克希望通过多次反复使用发射火箭,使发射成本仅为发射燃料费,即使每次发射平均需花费20万美元。

2018年,由于强大的价格竞争力,SpaceX的发射业务已占全球火箭发射市场的60%。

5. 重用新人

马斯克无论是打造特斯拉还是SpaceX,都喜欢招纳热爱和痴迷这些高科技技术的"发烧友",特别是年轻人中的技术"发烧友"作为员工。他明确表示,与其花12万美元找一个熟练工程师,不如花4.5万美元找一个年轻大学生。前者虽然做事有经验,但各种经验也会固化他们的思维,而后者虽初出茅庐,像一张白纸,但可塑性强,而且激情高,简直就是"价廉物美"。

马斯克在企业初创时期在人力资本成本支出方面精打细算,也是其成本管理方式的成功之处。

三、时间管理执行力

《硅谷钢铁侠》作者万斯曾在书中记录了马斯克一周的行程。他有一次对马斯克结束采访时已是周五晚上8点,马斯克马上要带着他的5个孩子坐上他的私人飞机到俄勒冈州露营,然后周日下午再带孩子们飞回洛杉矶。回来的当晚他要飞纽约出席周一早晨的电视台脱口秀节目,然后是一天开会、发邮件,周二一早再飞洛杉矶去SpaceX上班,下午飞圣何塞的特斯拉工厂上班,晚上飞往华盛顿与奥巴马总统见面,周三晚上再飞回洛杉矶在 SpaceX 工作数日，周末飞黄石公园参加谷歌董事长施密特的会议。

马斯克除了直接操刀指挥特斯拉和 SpaceX 这两家公司外，他还投资了隧道建设（The Boring Company）、超级高铁（Hyperloop）、人工智能（OpenAI）、生命科学（Future of Life Institute）和脑机连接（Neuralink）等各行业的公司。

总之，马斯克的生活与他的创新产品一样绚丽多彩，人们在惊叹他过人的精力的同时也非常好奇他是如何管理时间的。

1. 以电子邮件沟通为主

马斯克声称邮件沟通是他的核心竞争力，他特别喜欢用邮件与团队沟通。他的语言言简意赅，能用十个字就不用十一个字。为此，他明确要求团队用最简洁的语言来汇报工作和讨论问题，但他同时要求团队不能过多地使用一些自编的缩写词，以免引起歧义，耽误工作和浪费宝贵的沟通时间。

2. 时间处理模块化法则

马斯克日理万机，他不喜欢开大会和长会，反对那些无谓的客套话和社交活动，他将一天的待办事项在他的工作日志中细化到分钟，然后按 5 分钟一个单元，半小时为一个模式安排。这种 5 分钟一个单元的模块化处理问题的方法，大大提高了他一天处理文案的效率。

3. 时间盒法则（Time box）

马斯克每天 7 点起床，他认为早上精力最好，应该处理紧急且重要的邮件，但半小时后他就不再看邮件了，而是将这些邮件放入一个时间盒中，等自己有空时再处理。这个时间盒法则确保他重要的邮件得到回复,而又不因为回复邮件影响到他一整天的工作节奏。时间盒法则的另一个特点是马斯克按回答问题所需要的时间长短来回复邮件,而非收到邮件的先后顺序。

4. 多任务法则

马斯克精力过人,智商超群,他可以"一心二用",甚至"三用",如在开会听员工汇报时处理邮件,在清理发票时回复电话短信,在他的孩子坐在他的大腿上玩时继续回复工作邮件。

5. 异步沟通法则

马斯克经常坐飞机出差或开会,不能及时回复各种邮件、电话或短信,但即使在不坐飞机、不开会时他也会主动关闭手机和电脑的各种来电和邮件提醒,以便集中精力完成自己的工作。只有在他方便的时候,他才打开手机和电脑回复对方,这种非同步的异步沟通方式使他可以优化自己的时间,避免因接受外界的干扰而使工作时间碎片化。

6. 时间限(deadline)而非时间线

马斯克还有一种特别的任务处理方式,那就是时间限,他喜欢将事情拖到最后一刻,在时间截止前处理事情。这种倒逼自己的做法让他感到效率特别高。

7. 对员工的时间和效率管理

马斯克是工作狂,他对员工的时间管理也非常严格,但他与其他企业管理者不一样的是,他喜欢引导工程师们自己提出任务完成的节点,如他不会说"你必须在周五下午2点前完成这项任务",而是说"我需要这项艰巨的任务在周五下午2点前完成,你能做到吗?"马斯克的这一问号往往得到的都是肯定回答,从而整体上提升了企业的效率。

第六章 远见的执行力

我们从以上7点可以看出,马斯克的时间管理方法非常有特色,也非常有效。他刻苦勤奋,一周至少工作80~90小时,有时甚至达到120小时。2017年美国《连线》杂志对马斯克管理的企业与同行业其他企业的效率对比得出,马斯克一年完成了别人八年的工作量。

火箭发射:Space X对比亚马逊的蓝色起源,耗时比是1∶6;

电动汽车:特斯拉对比福特汽车,耗时比是1∶4;

超级高铁:Hyperloop对比加州政府,耗时比是1∶6;

挖隧道:无聊公司对比正常地铁建设公司,耗时比是1∶14;

普通电动汽车(从立项到交付):特斯拉对比通用汽车,耗时比是2∶3;

汽车生产线:特斯拉机器人(10秒)对比其他汽车公司(3分钟),耗时比是1∶18;

登陆火星:Space X计划的2024年对比NASA的2035年,耗时比是1∶8。

从美国《连线》杂志所列出的马斯克时间效率的对照中我们不难看出,有这样的工作效率,马斯克早出成绩和多出成绩就在常理之中了。

因此,无论是一国政治领袖,还是企业领导者,他们的任何伟大的远见和抱负都离不开其强大的执行力。

戴高乐和马斯克的领导力实践经验告诉我们,执行力是远见付诸行动的前提。戴高乐曾经跟抵抗运动记者米歇尔·德罗伊特说过,"有人说我总是爱说'别管它,有助手们来落实后续'"。但戴高乐强调,他从来没有讲过这样的话，而且也从来不会让别人替他来落实细节。

美国总统罗斯福说过，要"将眼睛放在星星上，双脚放在地面上"。马斯克的执行力案例同样告诉我们，任何有作为的企业家，一定是有非凡执行力的人。

- 远见驱动军事战略创新
- 远见驱动政治制度创新
- 远见驱动大国外交创新

第七章

远见
的创新思想穿透力

戴高乐领导力与大变局时代的启示

▼

戴高乐的远见源于其坚定的信念,他在《战争回忆录》中曾就此专门坦诚,"我这一生总以为(存在着)法国(对世界)的一种想法。我的感觉和理智也是这样激励着我坚信这一点"。

戴高乐在书中还专门强调"我的积极的性格使我相信,法国只有真正处在世界各民族前列的时候,法国才成为真正的法国,它需要一项伟大的事业来补偿法国人自身所携带的那种四分五裂的酵母,当我们的国家和其他国家一样处在致命危险的痛苦中时,它就会瞄准高远并屹立不倒。简而言之,在我看来,法兰西不伟大就不是法兰西"。①

"法兰西不伟大就不是法兰西",这是戴高乐一生奋斗不懈的动力。如果说戴高乐的远见存在着某种哲学基础的话,"法国对世界的一种想法"就是这种远见的哲学基础和灵感来源,它源于戴高乐青少年时期的天主教家庭教育、法国作家佩吉②的书籍,以及哲学家勒庞、尼采、柏格森等的思想对青年戴高乐的熏陶。

然而,我们与其说戴高乐的远见思想是一种思想,不如说是一种

---

① 夏尔·戴高乐.战争回忆录[M].陈焕章,译.北京:中国人民大学出版社,2015.
② 查尔斯·皮埃尔·佩吉(Charles Pierre Péguy,1873—1914),法国著名作家、思想家,其政治立场倾向天主教保守思想和民族主义,对现代化所引发的社会习俗变化持否定态度,批评第三共和国政党政治,认为"法国人"是千百年来基督教在法兰西土地上与居民长期融合的结果,明确反对"普世主义"。

行动。与其说是一种教义体系，不如说是一种精神状态或生活态度，一种方法论，一种灵感，一种源于戴高乐内心深处的自我对话，一种外界难以解读但对戴高乐本人而言却是清晰无误的实用主义的生命信息。

这种生命信息就是戴高乐所说的，他确信世界上确实存在着一种法国（对世界）的一种想法。只要法国人坚守他们共同的命运，法国就是西方世界最重要的国家之一，而当"高卢人的老毛病"使法国人自己内卷化，陷入内部无休止的争吵和分裂时，法国就会衰落。

如果说戴高乐这一感觉及其想法本身是简单的，并没有任何深邃的理论，人们在解读时更多地感受到一种法国式的"玄学"，一种戴高乐主观判断的"形而上"的世界观的话，那么，就是这个类似当年圣女贞德得到上帝的"旨意"或拿破仑所说的"星辰"构成的"灵感"，构成了戴高乐创新思想的穿透力。

这种创新思想穿透力中既有戴高乐所说的"既然那些高举法兰西之剑的人把剑摔坏在地，那我就把摔坏的剑柄再捡起来"的独有的使命感，又有叔本华所说的"每个人都以自己的视野为世界的极限"的思想的穿透力，以及诗人泰戈尔所歌颂的"信念是鸟，它在黎明仍然黑暗之际，感觉到了光明，唱出了歌"的优美感人。

我们不难看出，戴高乐的创新思想穿透力既是一种在历史长河中考察事物的发展，又是当下对事物的存在理由提出怀疑与批评的能力，是一种针对叔本华所说的世界极限的挑战能力，更是一种使戴高乐终生走在同时代人的前面，考虑明天的世界的远见能力。

戴高乐在《剑锋》一书中说过，"如果每个人都在自己的位置上根据实际情况而不是书本中的教条采取行动,力争的是实现目标而非取悦他人,并在需要时毫不掩饰自己的想法,而且不顾一切代价把它说出来;如果我们从上到下都是具有性格的人,大家以此来区分、敦促和要求,我们会很快看到秩序的建立及胜利的到来"。

因此,戴高乐创新思想的核心就是反对一切宿命论和观望主义的态度。换言之,戴高乐的领导力思想就是"一切皆有可能",而实现这种可能性的方法就是"创新"二字。

第一节 远见驱动军事战略创新

戴高乐出生在19世纪末,经历了两次世界大战。作为军事家,他特别重视军事理论的研究与创新,这些军事理论创新思想是戴高乐思想穿透力的重要组成部分,其中有的军事理论非常超前,在某种程度上甚至决定了法军和德军在军事战场上的胜负,如"一战"结束后不久他就提出进攻战略和建立坦克部队,有的涉及法国战后独立的防务政策和大国地位,如独立的法国核打击力量。

戴高乐的军事战略思想充分体现了戴高乐对法国军事和安全事务强大的理论创新能力。

一、法国军队的机动化与职业化问题

1918年第一次世界大战结束后,还不到而立之年的戴高乐在法军内部开始反思法国的军事战略。法国虽然赢得了"一战",但牺牲惨重,仅战死人数就高达160多万,占全国人口的4.6%。因此,"一战"让法

国大伤元气，充其量也只能说是一种侥幸的"险胜"。法军在战场上失利的主要原因是没有德军所拥有的 150 毫米 K 16 重炮，其最远射程达 22 千米，使法军在战场上损失惨重。因此，如何提升战后法国的军备和武器水平，关系到未来德国再次入侵时法国是否依然可以捍卫国家独立和领土完整。

戴高乐在研究中还发现，"一战"后法国人口为 3 900 万，德国为 6 400 万，法德人口差距并没有因为法国的战胜国地位而有所改变，相反，由于战争的原因，法国人口在"一战"后迅速减少，并且下降速度远远快于德国，这不仅是因为法国的人口基数少于德国，更重要的是婴儿出生率远远低于德国。

戴高乐发现，在"一战"前，法国每年出生人口在 80 万左右，"一战"后勉强达到 60 万。

从更长的历史层面考察，戴高乐发现，法国人口已从一个世纪前占欧洲总人口的 1/6 急速下降到当前的 1/16。戴高乐由此意识到，法国未来军事防御战略必须作出重大调整，也就是说过去的靠人数取胜的军事战略已经不再具备优势。

1934 年 3 月，戴高乐在继《敌人内部的倾轧》《剑锋》后出版了他的第三部著作，这是一部涉及法国未来军事战略的著作，叫《建立一支职业化军队》。

戴高乐认为，英国和美国有海洋作为天然屏障，德国政治和工业中心分散，不易一举摧毁，西班牙和意大利分别有比利牛斯山和阿尔卑斯山保护，而法国四周边境几乎一马平川，缺乏天然屏障，尤其是首都巴黎，对任何来犯之敌都极难防守。一旦打起现代战争，法国

戴高乐领导力与大变局时代的启示

要想御敌于国门之外，单纯依靠防线肯定无济于事，唯有由职业军人组成机械化部队，在航空兵的支援下实施机动作战，才能有效迎击来犯之敌。

戴高乐认为，法军总参谋部防御性军事战略思想过于保守，马其诺防线抵御不了未来德军的机械化部队的进攻，而保证法国安全的最好方法就是发展法军的进攻性武器和建设一支法国自己的机械化部队。

在书中，戴高乐建议建立一支由6个机动装甲师、10万职业军人组成的机械化部队。

在戴高乐这一军事理论的创新思想中，他一是大胆提出了进攻性的军事战略，而非法国军事参谋部所主张的以马其诺防线抵御德军入侵的防御性战略；二是第一次明确提出法国必须组建一支现代化的坦克部队以抵御未来有可能的德军入侵，这在当时法军内部和法国政界引起了强烈反响。

然而遗憾的是，戴高乐这部被誉为可与克劳塞维茨《战争论》相媲美的军事战略著作，由于军方的保守思想和法国社会普遍的和平主义思潮而最终没有引起重视。在法国政治家中，除了主战议员雷诺外，大多数政党领袖对此不屑一顾，社会党领袖布莱姆甚至嘲讽戴高乐有军事政变的意图。

相反，德军参谋部却如获至宝，德军将领古德里安根据戴高乐提出的理论构设了德军装甲师的编制及其坦克战役战术。

1940年5月，德军绕过马其诺防线，以坦克为主力，在德国空军的掩护下一个半月就闪电般占领了法国。

德军在战场上取得胜利的战略和戴高乐《建立一支职业化军队》一书中所描述的一模一样。因此，有史学家表示，德军总参谋部只花了 15 个法郎买了戴高乐这本书，依据戴高乐的军事理论赢得了战争的胜利。

也有军事专家表示，如果法军当时听从戴高乐的建议，建立了这样一支坦克部队并将其部署在法德边境，那么，当 1936 年德军占领莱茵兰，1938 年占领奥地利和捷克苏台德地区，以及 1939 年出兵占领波兰时，德军总参谋部就必须权衡一下军事风险，从而在一定程度上对希特勒的军事冒险起到威慑作用。

戴高乐的这一军事理论直到在由戴高乐本人亲自指挥的蒙科尔内战役上才得以使用，虽然戴高乐赢得了战场的胜利，但在整个德法军事较量中为时已晚，已不能扭转法军的败局，实在可惜。

二、建立法国独立的核打击力量

戴高乐在总结"一战"和"二战"这两场人类历史上的残酷战争教训时，认为法国在"一战"中的失利是因为没有重炮，在"二战"中的溃败是因为没有机械化部队。面对美苏在冷战时期大力发展核武器的严峻形势，戴高乐认为核武器事关法国的军事战略安全，法国必须吸取历史教训，发展法国独立的核武器力量。

然而，在战后的法国，一方面，国家百废待兴，要医治战争创伤，要做的事实在太多了，发展独立的核武器力量需要耗费国家巨资，法国社会又有传统的和平主义思潮，民意对此多有保留；另一方面，美国与苏联业已成为核技术领先国家，不愿意看到世界其他国家也发展核武器。因此，美国通过向英国提供核保护，让英国放弃发展核武器，美、英、苏一起签署了著名的核不扩散"三家条约"。

美国向英国提供核保护的协议就是1962年12月21日由英国首相麦克米伦签署的《拿骚协定》,协议中规定美国向英国提供北极星核导弹,而英国则停止原本比美国曼哈顿计划还要早的英国核武器研发计划。

而后,美国如法炮制,公开向法国喊话,只要法国放弃研发核武器,美国将像对待英国一样向法国免费提供核保护伞,但作为交换条件,法国必须放弃发展独立核武器的计划。

一向奉行独立自主外交政策的戴高乐将军对此十分警惕,他在1958年当选法兰西第五共和国总统后,面对世界新形势,坚持认为法国作为一个世界大国,必须拥有自己独立的核打击力量,而非通过美国的核保护来保证法国的国家独立和安全。

为此,戴高乐提出了以弱胜强的核威慑战略思想。1960年2月13日,法国第一颗原子弹爆炸成功。1963年,戴高乐拒绝参加美、英、苏召开的有关核不扩散的莫斯科会议,拒绝签署《部分禁止核试验条约》。1964年,法国可携带原子弹的战略轰炸机开始服役,并在此后逐步建立起由飞机携带、陆基导弹和潜艇导弹组成的"三位一体"的独立核力量。

戴高乐甚至表示,为遏制敌人的侵略,法国不排除首先使用核武器的可能。

与英国放弃研发独立自主的核武器不同,法国在戴高乐总统的领导下,克服各种困难,通过发展独立自主的核打击力量而成为世界上为数不多的核大国俱乐部成员之一,维护了法国防务和安全政策的独立自主，彰显了法国的大国地位，从而在美苏两极世界中发挥了法国独特的政治、外交与军事大国的作用。

我们可以设想一下，如果不是戴高乐的坚定态度，法国极有可能会成为第二个英国，在节约一切政府开支以用于经济重建的美丽口号下放弃国家的独立防务政策。

戴高乐拒绝接受美国的核保护伞，拒绝签署美、苏、英三国发起的《部分禁止核试验条约》，以有限的财力发展了法国独立的核武器。戴高乐认为，即使法国的核力量只有美苏的 1/10，但只要法国拥有摧毁任何敌国一次的核力量，就足以起到威慑作用，侵略者就不能不考虑遭受核报复的严重后果。

这就是戴高乐"以弱制强"的核威慑战略，戴高乐甚至将此戏称为"穷人的核威慑战略"。

第二节　远见驱动政治制度创新

戴高乐认为，1870 年普法战争后法国建立的第三共和国议会民主制政体，在纳粹德国崛起前的一系列应对政策的失误，特别是 1940 年面对德军入侵时的惊慌失措，以及无休止的议会政治辩论，是法国"不战而败"的重要原因。

戴高乐认为，大敌当前，第三共和国各政党却仍在相互攻击掣肘，重大问题议而不决，政治领袖软弱无力，民心涣散，这不能不说是法国的悲哀。

戴高乐认为,第三共和国执政的无效性具体来说有以下三个方面。

(1) 议会民主制度导致政党利益高于一切,人民阵线左翼政权与右翼政党之间的矛盾冲突激烈,右翼政党对左翼政党的惧怕超过了对德国入侵法国的担心,对红色苏联的仇视和苏维埃政治主张的反感超过了希特勒的纳粹思想。

(2) 政界和民间弥漫着绥靖思想,全国上下厌战。"一战"给法国造成的损失使法国人民对拿起武器与德国人再次交战心有余悸,人们希望通过一切手段来实现和平,特别是在右翼政党中,普遍存在着将德国的法西斯祸水引向东方的苏联的想法,"祸水东引",一石二鸟,既消灭苏维埃的共产主义制度,也削弱纳粹第三帝国的力量。

(3) 政府权力太小,这也是导致法国被攻陷的最根本原因。法国议会两院权力过大,政府权力过小,政府做任何事情都要两院点头,总统和总理有名无实,政党政治绑架了国家最高政治决策机制。

戴高乐以第三共和国最后一位国家元首勒布伦(Albert Lebrun)为例,感慨他"作为国家元首,首先得有国家,然后得是个头儿。但遗憾的是,勒布伦既没国也不是头儿"。

在此情形下,1940年6月16日,纳粹德国入侵大半个法国后,主战派总理雷诺无奈之下辞职,总统勒布伦同日不得不任命主和派代表贝当元帅出任总理,法德立即签署停战协定,法国沦陷为德国第三帝国的附庸,法兰西第三共和国名存实亡。

据不完全统计,仅"二战"前20世纪30年代的10年中,第三共和国内阁就曾改组37次,平均每年3次以上。戴高乐认为,这种走马灯似的政府变动是法国在德国入侵面前溃败的根本原因,而要使法兰西民族在战后走向全面复兴,只有一劳永逸地解决法国行政权力过弱的问题。因此,不管愿意与否,法国都必须进行一场深刻的政治体制改革。

于是,当1944年8月戴高乐以法兰西民族解放者的姿态行进在巴黎香榭丽舍大街,接受200万巴黎市民的胜利欢呼时,作为临时政府的首脑,他就决心从根本上重塑法国的政治制度,杜绝无休止的议会政党辩论现象和议而不决的政治陋习,强化国家行政首长的权力。

然而,戴高乐显然低估了第三共和国那些政党领袖和议员们的抵抗力量,这些顽固派政治家们在德国入侵法国时作鸟兽散,但在法国解放后又纷纷下山"摘桃",为维护他们的既得利益,对戴高乐所作出的法国政治制度改革的努力进行无情反击。

1946年1月20日,出于对法国传统政治体制的不满和无奈,戴高乐愤然提出辞职,他内心期待通过如此举动来感动法国人民,希望他们帮助他一起实现新的法国宪政理念。

1946年6月16日,戴高乐来到他两年前在诺曼底登陆的小镇巴约,在那里发表了他第二次著名的"巴约讲话"。

在讲话中,戴高乐建议未来的法国国家元首应该是凌驾于法国各党派之上的仲裁者,他应是法兰西共和国、法国海外领地、殖民地所组成的法兰西联盟的元首,未来由这位法国政治制度所产生的总统任命总理,颁布法令和法律,主持部长会议,他将是法兰西民族主权独立和领土完整的保证人。

然而,1946年9月23日,法国国民议会各党派无视戴高乐的辞职警告和戴高乐的巴约讲话精神,通过了法国第四共和国宪法,从根本上否定了戴高乐加强总统行政权力的倡导。第四共和国宪法虽然将原先的两院变为国民议会一院作为国家权力核心,但议会的权力还是比总统大,总统也如同英国女王一样毫无实权。

一个星期后,即1946年9月29日,戴高乐在法国东部小镇埃皮纳尔发表讲话,警告这样的政治制度是"新瓶装旧酒",只会让法国再次重蹈第三共和国的覆辙。

后来的情况与戴高乐预言的一模一样,1946年到1958年,短短12年法国就出现了24个内阁,平均每个内阁执政期仅半年时间,法国又重新回到政治不稳定期,特别是在后来的法越战争、阿尔及利亚独立和其殖民地国家的去殖民化浪潮中,第四共和国政体决策的低效软弱使法国内政外交遭遇了严重的危机。

面临阿尔及利亚内战导致的法国政治、经济和社会危机,1958年5月29日,在法国军队和民众的强烈呼吁下,第四共和国总统勒内·科蒂(René Coty)任命戴高乐为临时政府总理,请求戴高乐立即复出,将法国从危机中拯救出来。

作为复出主政的条件,戴高乐提出国会要授予其半年时间全权处理阿尔及利亚危机,并委托他起草一部加强总统权力的法国新宪法。

1958年9月28日,法国全国上下就戴高乐提出建立第五共和国半总统制政体的新宪法举行公投,全国82.6%的老百姓投票支持戴高乐的倡议,10月5日,戴高乐宣告法兰西第五共和国成立。

与原来的第三、第四共和国不同,第五共和国的总统不由选举团选举,而是由全国18岁以上的所有公民投票直选,并任期7年;由总统任命总理组成政府,总理向总统负责而非向议会负责,主持政府各项工作,总统有权解散议会;在国家治理分工方面,总统侧重外交等对外事务，总理则主理国家内政事务。

由于法国总统所具有的广泛权力，国际政治学界将这种有别于世界其他国家总统制的制度称为"半总统制"。

法国第五共和国的建立标志着法国政坛动荡局面的结束，而有效的行政管理又使法国在20世纪60~70年代的十多年时间里高速发展，出现了"光辉的30年"的经济发展奇迹，在这样的经济实力支持下，法国在国际事务中发挥着其独特的西方大国的作用。

可以毫不夸张地说，没有第五共和国宪法，就没有今天强大的法国。没有戴高乐所赋予的法国总统强有力的行政权力，法国就极可能像今天的意大利那样，议会政党政治相互掣肘，国家事务议而不决，内阁也会像过去的第三、第四共和国一样走马灯似地不停更换，国家政局动荡不安，人民叫苦不迭。

第三节　远见驱动大国外交创新

战后的法兰西，昔日的雄风早已不在，国力严重衰落，面对如此困难的局面，戴高乐在外交上的一系列创新举动，不仅使法国人民扬眉吐气，重新找到民族自豪感和认同感，也在相当程度上提升了法国在战后国际格局中的地位。

一、承认新中国

在新中国建立之初，由于西方意识形态的偏见和中国当时奉行与苏联结盟的"一边倒"外交政策，使西方国家对新中国普遍不了解，持观望、怀疑态度,甚至持批评态度的大有人在。

戴高乐注意到,20世纪60年代的世界实际上已被美苏两个超级大国控制,法国要发挥独立自主的大国作用,必须实施新的外交平衡战略,而中国奉行的独立自主外交政策,特别是反苏美霸权主义的国际外交战略为中法建立友好关系提供了前提基础。

在戴高乐看来,国家关系必须超越意识形态,中国是一个伟大的国家,无视新中国的存在既不可行也不现实。

戴高乐承认新中国,是他超人的智慧和外交创新思想所决定的。在戴高乐看来,世界是在变化之中的,承认新中国就是承认客观世界的现状。中国拥有世界1/4的人口,中法建交既有助于双方人民之间的直接接触,也有利于盘活法国的外交棋局,而拒绝承认新中国将使法国失去一个难得的外交平衡点,从而难以成为真正的外交大国。

二、法德化干戈为玉帛

戴高乐在短短的20多年里经历了两次残酷的世界性战争,因此他心中非常清楚,要实现欧洲的永久和平,法德两个国家必须和解。戴高乐同时也懂得,要让法国在战后国际事务中发挥大国作用,必须要有一个强大的欧洲国家联合体作为法国的后盾,而建立这个欧洲国家联合体,法德两个大国必须站在一起才有可能。

1958年6月,刚刚重返法国政坛不久的戴高乐邀请德国总理阿登纳到他在科隆贝的家里做客。这是戴高乐将军第一次,也是唯一一次邀请外国领导人到自己的私宅做客。

戴高乐在《希望回忆录》中以较长的篇幅描述了这次为期三天的两国元首首次非正式会晤。

一个家庭的环境比装饰华丽的宫殿更有意义。因此，我和夫人在我们乡下的宅邸简单朴素地款待了德国总理。当我和阿登纳两人面对面开始交谈时，他立刻向我提出了信任问题。他对我说，我到您这儿来，是因为我把您看作一个能够影响局势发展的人物。您的人格，您对您的国家的贡献，您重新执政的情况，这一切使您具备了所需要的手段，现在我们两个民族之间第一次出现一种形式，使我们的关系可以在全新的基础之上，也就是真正合作的基础之上。①

在会谈中，戴高乐与阿登纳推心置腹，认为法德作为邻居，只有彻底消除相互之间的敌意，才能实现永久和平，才能实现欧洲的团结与和平发展。

戴高乐与阿登纳的会晤是家庭式的，也是历史性的，这不仅标志着法国对德国的新政策，也拉开了法德合作作为欧洲"联合发动机"的序幕。用戴高乐形象的比喻就是，对欧洲这辆马车来说，"法国是赶车人，德国是马"。

为此，戴高乐劝说法德两国人民"必须尝试把历史进程颠倒过来，使我们两个民族言归于好"，并表示"对法国来说，在欧洲只可能有一个伙伴，甚至是理想的伙伴，就是德国"。

然而，在当时战争创伤还未彻底医治，血泪仇恨清晰如昨的情况下，无论对法国还是对德国人民，戴高乐这样的话都是石破天惊之语。

对德国人而言，人们一直害怕法国的清算会比历史上任何时期都残酷，民间自然对戴高乐的美意将信将疑。

1958年11月10日，赫鲁晓夫宣布要把当时由苏联管理柏林的职

---

① 夏尔·戴高乐.希望回忆录［M］.希望回忆录翻译组，译.北京：中国人民大学出版社，2005.

权移交给东德,并建议美、英、法同意"将西柏林变成非军事化的自由城市",第二次柏林危机爆发。美国过了几天才发表低调的声明,表明其"在西柏林的坚定意图仍然未变",而英国认为与其在柏林问题上与苏联交恶,引起进入新的世界大战的风险,不如承认东德。

在此关键时刻,戴高乐1月26日访问西德,向阿登纳保证法国反对改变柏林的地位。戴高乐关键时刻力挺西德,使阿登纳感激不已。

1961年6月,西德总统吕布克到巴黎访问,阿登纳随行,戴高乐举行盛大的军事欢迎仪式,双方共同检阅了一个法国装甲师和一个德国装甲师。

1963年1月,戴高乐与阿登纳签署《法德友好合作条约》,对两国首脑会晤、部长磋商作了制度化规定,法德特殊关系形成。

从1958年秋到1962年,戴高乐与阿登纳通信40余次,会晤15次,总计超过100小时。戴高乐对德关系的创新思想,使法德最终化干戈为玉帛,两国在政治、经济、文化等各个领域展开全面合作,在改善法德关系的同时,也大大推进了欧洲的联合,使欧洲在战后的国际事务中发挥了重要的作用。

在今天的国际事务中,欧盟无疑发挥着重要的作用,而欧盟之所以能有今天,完全得益于戴高乐与德国修好的外交政策,以及由戴高乐与阿登纳共同培育的法德这对国际政治"夫妻"。

三、退出北约军事一体化组织

在戴高乐的外交思想上,维护法国在外交事务中的独立自主是确保法兰西大国地位的前提,这自然也包括军事外交的独立。戴高乐不甘心法国充当西方阵营中美国小伙计的角色,因此,戴高乐说什么也不愿意在西方军事联盟——北大西洋公约组织（以下简称北约）中向美国交出军事指挥权，而这关系到美国的霸主地位问题，对美国来说，法国要么交出军事指挥权，要么就脱离北约。

1966年3月9日，戴高乐致函美国总统约翰逊，正式宣布法国退出北约各军事机构，并宣布在7月之前撤回受北约指挥的全部法国军队，同时还取消了北约军用飞机在法国过境和降落的权利。不仅如此，戴高乐还限令美军及其基地在一年内撤出法国。

7月1日，法国退出北约军事一体化组织。

10月，法国退出北约军事委员会，并要求北约总部从巴黎迁至布鲁塞尔。

在此前的1963年，法国就宣布其大西洋舰队不受北约指挥。1964年，法国就召回了其在北约海军司令部任职的全体法国军官。

戴高乐率领法国退出北约军事一体化组织的做法，不啻是向西方联盟扔了一颗炸弹，引起了北约内部的一片恐慌，加之戴高乐奉行的独立自主的外交政策和独立的核威慑政策，这些都对美国的霸权造成了严重的冲击。

但需要补充的是，戴高乐在宣布法国退出北约军事一体化组织的同时并没有退出北约其他内部组织，这样既在形式上保证了法国的军事独立，又依然是西方战略联盟的一员，在这样的政治、战略和价值共同体中显示出法国的价值与忠诚。

在冷战期间，戴高乐就是这样运用其娴熟的外交手段，在美苏两极世界中左右逢源，斗而不破，四两拨千斤，从而提升了法国大国的国际地位。

四、结束美元金本位

众所周知,美国通过"二战",确立了其政治、经济、军事和金融的霸权地位,其中金融霸权就是1944年7月布雷顿森林体系所确定的以美元为中心的国际货币体系。根据布雷顿森林体系,1盎司黄金等同于当时的35美元。

然而,由于美国战后在国内大举推行凯恩斯经济扩张政策,对外则发动对越南的战争,且深陷战争泥潭,财政赤字严重,美国黄金储备从1944年最高峰时的250亿美元急速下降到150亿美元,美元占世界黄金储备的份额也因此从最高的75%下降到30%以下。

1965年2月4日,戴高乐在爱丽舍宫召开了一场千名记者参与的记者招待会。在会上,戴高乐公开指责美国向全世界发行不断贬值的美元,怒斥美国国际收支赤字是"不流眼泪的赤字",并要求法国财政部立即派船只从美国搬走属于法国的黄金。

戴高乐此举无疑当众抽了美国的嘴巴,美国政府为此恼羞成怒,指责戴高乐破坏国际货币体系。然而,广大欧洲债权国对戴高乐的勇敢行为暗自称快,他们也想效法戴高乐,防止美元贬值对它们国家的黄金储备带来损失。

从1958年到1966年,法国从美国运回的黄金达1 150吨,也因此黄金储备重新超过了德国,位居欧洲国家之首。

时任财政部部长,后来当选法国总统的德斯坦回忆道,在记者招待会后,戴高乐对在美黄金回到法国非常关心,甚至告诉德斯坦,有必要就派海军出动军舰运送。

德斯坦对戴高乐说,军舰运输的方式会刺激美国舆论,还是通过其他运输工具化整为零为好。如果不是后来法国爆发"五月风暴",戴高乐此举对美国及美元的金融霸权地位的冲击会更大。

1968年3月底,美国约翰逊总统突然宣布将不谋求竞选连任,与此同时美国对越南发动的新年攻势也无疾而终。《华尔街日报》就此评论道,是"欧洲的金融家们将和平强加到我们头上",是"我们欧洲的债权人迫使我们的总统辞职",认为这是"美国历史上破天荒的事情"。

1970年8月15日,当选总统尼克松发表电视讲话,宣布美元脱离金本位,黄金价格从此成了脱缰野马,1972年年底涨至64美元,1973年冲破100美元。截至2021年8月,美元与黄金的比价已超过1盎司黄金兑换1 800美元,美元的自由落体式贬值委实让人唏嘘不已。但人们所不知道的是,是戴高乐将军创新的外交思想摧毁了美元金本位制度。

讨论 | 远见创新思想的穿透力

《时代周刊》创始人卢斯说过,"与任何其他职业相比,商业活动都是对未来的一种持续应对活动。这是一种不断的计算,一种对远见能力的本能性练习"。福特汽车公司创始人亨利·福特也说过,"耐心和远见是商业活动中最重要的两个素质"。

我们谈戴高乐创新思想的穿透力,实际就是强调领导者在历史长河中的自我置疑能力,这种反复挑战思维边界并最终影响世界的能力也是卢斯和福特所强调的企业的存在理由,一种企业家最稀缺的领导力资源与禀赋。

我们看到,正是由于戴高乐在军事、政治制度和外交三个维度杰出的创新思想,法国才得以成为一个现代强国。

佩雷菲特在《这就是戴高乐》一书中曾询问戴高乐,法兰西在世界上是否会永远存在下去?

戴高乐回答说,"也许会存在下去,但并不确定。法国如果没有一种大国政策,法国人如果失去一种扮演大国作用的理想,法国就会成为像今天葡萄牙这样的国家"。戴高乐感慨道,"看看今天的葡萄牙人吧,当年他们是何等的风光,而现在已萎缩成了一个几乎无人问津的国家"。

可见,戴高乐的远见思想是一种前瞻性的自我发问,一种永远不要对自己满意而停止思考的习惯,一种就法兰西的命运反复拷问的智力训练,一种把所有可能的问题选项尽可能前置化,不断地挑战思想边界的动力。

案例

乔布斯的创新思想

乔布斯离开我们已十多年了,但今天人们依然在怀念他,甚至马斯克的传记《硅谷钢铁侠》的作者万斯也只是将马斯克如此世界级的创新家形容为"下一个乔布斯",由此可见乔布斯对今天世界创新领域的巨大影响力。

美国总统奥巴马在2011年乔布斯因病逝世时评价他是"美国历史上最伟大的创新者之一"。并说,"他勇于与众不同地思考问题,敢于相信他可以改变世界,他改变了我们的生活,重新定义了所有行业……他改变了我们每个人看这个世界的方式"。

第七章 远见的创新思想穿透力

乔布斯于20世纪80年代创建苹果公司，1985年离开，1997年重返并执掌苹果公司，他就像一个魔术师一样给我们创造了一系列精美的计算机和智能手机，他不仅改变了我们的生活，也如同奥巴马所说"改变了我们每个人看这个世界的方式"。在今天，人们已经很难想象没有乔布斯的系列产品，我们每个人的日常生活会是什么样子。

人们喜欢将上帝和牛顿的两个苹果以及乔布斯的苹果相提并论，认为与前面两个揭示欲望和知识的苹果不同的是，乔布斯的苹果提升了人类所处世界的趣味性，并重新定义了人与人、人与自然、人与物质的关系。因此，上帝的苹果为我们驱逐了无知，牛顿的苹果为我们驱逐了愚昧，而乔布斯的苹果为我们赶走了无聊。

乔布斯的苹果给人类带来了快乐，艺术化地揭示了互联网时代人与人、人与自然、人与物质之间的关系，它成为乔布斯超越时代的预见思想穿透力的写照，也是其特有的非同凡"想"的思辨能力的写照，更是他常说的"区分领导者和追随者"的强大创新能力的写照。

一、非同凡"想"

乔布斯于20世纪80年代创建苹果公司，并经历了公司几十年的起落与兴衰，他先后推出了Macintosh、iMac、iPod、iPhone、iPad等风靡全球的电子产品，深刻地改变了现代人类的通信、娱乐、生活方式。在他之前，个人计算机（PC机）是呆板的机器，是他的苹果PC机图形界面的操作系统开创了PC机新时代。在他之前，手机只用于通信，是他的iPhone系列产品使智能手机成为移动互联网时代每个人生活重要的组成部分。

从PC机、平板电脑、智能手机、动画电影到音乐播放、数字出版，以及手机实体连锁店等,乔布斯悄悄发动了一场颠覆性的产业变革,他的创新思想告诉人类一个新时代的来临。

二、艺术与人文结合

在苹果产品发布会上,乔布斯站在一个路牌的背景板前面,路标牌上有两个街道指示牌,一个是"科技之路"(Technology Street),另一个是"人文之路"(Liberal Arts Street),乔布斯站在两条街的交会口。这一经典背景板非常形象地显示了苹果公司创新理念中深藏着的人文精神。

乔布斯认为,伟大的艺术家和工程师是相似的,技术与艺术本属一家,优秀的科技产品就应该是艺术化的表达。在某种意义上,乔布斯的成功也是他以艺术化方式呈现科技进步的成功。人们对苹果手机爱不释手,正是因为这种厚重的艺术价值。

乔布斯将所有复杂的科技产品以最简单的方式呈现给消费者,反映了乔布斯化繁为简的哲学思想,无疑也是对人类未来新的简约化生活方式的一种创新性预示。

马化腾为此感慨地说,"没有一个人的离世能让全世界的人同时感到如此痛心和惋惜……他完美地把科技和艺术相结合,创造了世界上最优雅的产品,不仅留下了市值最高的公司,更留下了人们对他深深的怀念。我们还能再崇拜谁呢?"

三、专注

乔布斯希望将苹果公司打造成一个伟大的作品,一家可以"传世"而非单单"上市"的公司。他明确表示不做那种创建一家企业,然后把它卖掉或上市变现的企业家。他不在乎成本的增加,也不在乎产品的返工，只在乎产品能否像艺术品一样震撼人心。一道金属涂层、一颗螺丝钉的曲线、机箱上蓝色的深浅、导航屏幕的直观性，他都会因为不符合要求而对助手大发雷霆，骂这些产品"烂透了"。

乔布斯是有名的"技术控"，他的名言"求知若饥，虚心若愚"（Stay hungry，Stay foolish）在中国和世界青年创业者中被视作创新的真谛，没有"求知若饥，虚心若愚"的精神境界，就没有为了创新而奋斗的乔布斯式的"疯狂与专注"，也就没有苹果公司的成功和苹果产品众口皆碑的品质。

与微软用软件搭建互联网基础设施和亚马逊、谷歌、脸书在互联网基础设施上建立技术应用不同，乔布斯没有更多地借助互联网风口发展苹果公司的业务，而是一心一意做精现有的产业，做苹果电脑和手机的硬件。正是有了这样的专注，乔布斯为PC机、动画电影、音乐播放、数字出版等领域带来了产业颠覆，重新确立了行业规则。

在一定意义上，乔布斯的创新改变的是行业自然进化的方向，为他所进入的行业带来了基因突变。

四、领导用户

在乔布斯之前，企业开拓市场的观念是全力满足消费者的需求，公司要做市场调研以弄清楚用户的最新需求，而乔布斯反其道而行之，他认为消费者在很多情况下并不知道他们想要的是什么，直到你将产品放到他们的面前。他甚至反问记者，"贝尔发明电话之前作过任何市场调研吗？"乔布斯认为，苹果要"顺从自己内心的声音，做自己所爱的"。苹果"不做那些跟风的产品"，或把跟风的产品"留给其他公司做吧"。

戴高乐领导力与大变局时代的启示

简言之,乔布斯认为是创新家而非消费者创造需求,而乔布斯之所以能如此自信和淡定,是建立在他对自己产品的创新能力和未来市场发展潮流的正确判断之上,从而使苹果在短时间内脱颖而出,成为硅谷和世界最具创新力的企业。

乔布斯的创新思想与戴高乐的创新思想如出一辙,总结起来,有以下几个方面。

1. 创新的力量源于神圣的使命感

如同戴高乐思想穿透力源于其对"法国(对世界的)一种想法"的坚守,一种"法兰西不伟大就不是法兰西"的人生奋斗目标一样,乔布斯的人生目标非常清楚,他说:"活着就是为了改变世界,难道还有其他原因吗?"他还说过,"人是处在人的社会,我们享受着别人创新性的产品,也要为别人创造出我们创新性的产品"。

乔布斯的存在理由就是改变世界,为此,他把生命中的每一天视作人生的最后一天,并邀请时任百事可乐公司总裁约翰·斯卡利和他一起创造苹果这样的伟大公司。"你是想卖一辈子糖水呢,还是想抓住机会来改变世界?"乔布斯对斯卡利说的这句话已成为创新者的经典励志语录。

2. 创新首先是拒绝接受现状

在离开苹果公司 12 年后,乔布斯发现苹果公司失去了创新活力,他评价苹果高管团队"不懂如何利用新技术,不懂如何创造新产品,优秀的员工被困在公司里,束手无策。优秀的创意与产品之间隔着巨大的鸿沟,实现创意的过程中,想法会变化,甚至变得面目全非(但高管团队对此并不了解)"。

他还说:"苹果是一家基于创新的公司,当我 10 年前离开苹果时,它比其他企业领先 10 年。10 年前,微软的 Windows 抄袭苹果。(现在的)问题在于苹果停滞不前。虽然苹果投资数十亿美元来研发,但结果不理想。人们迷惑了,差异性被侵蚀了,特别是与微软对比时更明显。苹果脱了轨。"

然而,乔布斯对自己一手创建的苹果公司还是抱有信心的,因为"它有很好的人才,品牌忠诚度极好,要走出困境不能靠刀耕火种,而要靠创新。只有这样苹果才能走向繁荣,才能回归自我"。

3. 思想穿透力的最高形式是艺术的美

乔布斯是一个理想主义者,他追求艺术,虽然他不是一个艺术家,但他一直把自己幻想成一个艺术家,并按艺术家的标准要求自己的产品。乔布斯有极高的审美意识,它像打造一件艺术品一样精雕细琢苹果的产品。他把诗人、音乐家、艺术家、设计师引入产品开发团队,他坚信科技与艺术本是一家,就如同文艺复兴巨匠达·芬奇那样,既是伟大的艺术家,也是伟大的科学家、发明家、创新家。

4. "胜不骄,败不馁"

乔布斯和戴高乐的人生道路都说明,人生有高有低,创新道路充满荆棘。乔布斯在 1997 年重返苹果公司,这离他被苹果董事会无情地逐出公司正好是 12 年,时间长度碰巧与戴高乐"二战"后退出法国政界赋闲在科隆贝的时间一样。

乔布斯在这 12 年里亲手创办了 NeXT 和皮格斯两家公司,在这两个新公司里,乔布斯释放自己的所有天性并重新认识了自己,也认识了创新的含义。

戴高乐领导力与大变局时代的启示

1997年，42岁的乔布斯开启了他人生创新最旺盛的黄金时期，给世界带来了一个又一个惊喜。乔布斯坦承，这些巨大成功的取得在很大程度上受益于他12年来游离在苹果公司之外对苹果公司创新的观察和思考，以及12年来他那些为创新所作出的各种有益的实践。

英国领导力专家白金汉①在他的《首先是打破所有规则》一书中介绍到，通过他对全世界8万多名企业CEO的一项调研发现，不管受访者教育背景和管理风格有多大的差异，所有最出色的企业家总有一个共同的特质，即他们会在第一时间毫不犹豫地违反各种所谓的"神圣的业务规则"。

然而，在现实生活中，白金汉教授所说的"首先是打破所有规则"这样的忠告在操作上会是很难的，人们会以各种存在的理由来劝说你，打消你的念头，甚至你也会相信"存在即合理"这样的黑格尔定律。

而乔布斯的创新思想与实践案例，以及戴高乐创新思想的穿透力告诉我们，真正能够做到非同凡"想"的人是我们自己。

在我们今天所处的时代，作为企业家，再也没有比创新更重要的思想需要我们学习了。工业时代是知识驱动，数据时代是智慧的竞争，是领导力、想象力和担当力的竞争，戴高乐和乔布斯的创新思想穿透力无疑为我们的创新树立了可贵的榜样。

---

① 马库斯·威尔弗里德·白金汉（Marcus Wilfrid Buckingham），1966年生，毕业于英国剑桥大学，领导力问题专家，曾供职盖洛普17年，著有《首先是打破所有规则》等领导力畅销书。

- 教育的重要作用
- 人文修养
- 强大的学习能力
- 选择正确的时间、正确的地点与正确的人

第八章

领导者远见能力的培养

戴高乐领导力与大变局时代的启示

▼

管理大师德鲁克说过,"的确有一些人生下来就具备成为领导人的特质,但是这样的情况只是少数而已。领导力是一种必须经过不断学习的过程"。

领导力学大师本尼斯在《论成为领导者》一书中同样指出,"领导者不是天生的,而是后天制造的"。本尼斯通过生动的案例告诉人们,要成为领导者,就应不断地学习、发展和进行自我再创造。

戴高乐在《剑锋》一书中也写道,"伟大的事业离不开伟大的人物,而伟人之所以成为伟人,是其矢志以求的结果"。在戴高乐看来,伟人之所以成为伟人正是源于自己的渴望,戴高乐本人的人生轨迹也正好验证了这句话。他能成为法国人民心目中的伟人,是其终身矢志不渝努力的结果。

第一节 教育的重要作用

教育对戴高乐成为一代伟人起了重要作用。这种教育既包括戴高乐在拿破仑所建立的圣西尔军事学院所接受的严格的军事教育,也包括他青少年求学期间所接受的教会学校的教育,更得益于他早年的家庭教育。

一、戴高乐的家庭熏陶及其个人爱好的培养

法国诺贝尔文学奖得主莫里亚克[①]说过,"人的一切都是幼年时决定的,我们总是作为我们曾经的孩子那样存在着"。

戴高乐于 1890 年 11 月 22 日出生在法国北部的里尔市,父亲亨利·戴高乐拥有文学、科学和法律三个博士学位。这位博学的父亲非常爱国,他在巴黎的一所教会中学教授法国历史和数学。戴高乐从小受父亲的爱国主义熏陶,餐桌上的话题也总是国家大事,包括母亲在内,全家人都爱讨论国家大事,特别是普法战争后法国人所蒙受的屈辱。因此,为法兰西民族洗刷耻辱的强烈愿望一直埋藏在戴高乐幼小的心灵中。

在《战争回忆录》中,戴高乐专门谈到其幼年的成长过程,他曾感慨道,"我父亲是一个有见解、有学问、尊重传统的人,对于法国的尊严充满感情,他让我了解法国的历史。我的母亲对于祖国有坚定不移的热爱,这和她对宗教的虔诚不相上下。我的三个兄弟、一个妹妹和我自己对于祖国所感到的深刻的骄傲,成了我们的'第二天性'"。

戴高乐向儿子菲利普回忆,在他七八岁时,常常和哥哥、弟弟们一起玩打仗游戏,而戴高乐通常扮演法军,由哥哥、弟弟们扮演英军、德军、俄军和土耳其军人。与哥哥、弟弟们不一样的是,戴高乐打仗很有战略,排兵布阵讲策略,特别是对打完仗以后的谈判、裁军等说起来头头是道。

[①] 弗朗索瓦·莫里亚克(François Mauriac,1885—1970),法国小说家、法兰西学术院院士,1952 年获得诺贝尔文学奖,主要作品有诗集《握手》、小说《爱的荒漠》等。

戴高乐领导力 与 大变局时代的 启示

童年时期的戴高乐

李小超 绘

戴高乐对菲利普说:"打仗嘛,你总得懂政治,不懂政治怎么打仗?"

为了让孩子们玩打仗游戏,戴高乐的父亲为他们这帮小男孩买了打仗用的玩具。戴高乐对儿子菲利普说他至少有1 800个各国士兵的木头小人和各种飞机大炮玩具。

到了青少年时期,在戴高乐15岁上高中那年,戴高乐的精忠报国思想进一步得到显现。这一年,他写了一篇作文《德国战役》,在这篇文章中他想象出这样的场景:1930年,德国派遣三个军的兵力进攻法国,戴高乐将军与其同学布瓦德将军率领20万法军保卫法国东部城市南锡,在经过浴血奋战后,法军最终战胜德军,取得战役的全面胜利。

戴高乐的这篇文章字迹工整,叙事脉络清晰,说理性强,他还因此得了奖。

看到小戴高乐15岁就写下这么沉重的文章,父亲亨利不免有点为戴高乐担心,希望他不要有太多的幻想,还是踏踏实实念好书要紧。但戴高乐表示,人要有决心才能成事,没有决心长大了也会一事无成。

二、莘莘学子求学路

作为虔诚的天主教徒,父亲亨利希望戴高乐接受法国教会学校的教育。起先他安排戴高乐在他任教的学校上学,后来根据1905年法国的"政教分离法",法国教会不能再开办学校,亨利就将戴高乐送到比利时的一家教会办的寄宿学校学习,在高中时期父亲又将他接回巴黎,到非常有名的斯坦尼斯拉斯学校①就读。这所学校虽然不是教会办的,但办学方针和要求一点也不比教会学校差。

在此中学经过一年的高考准备,戴高乐在第二年考进了由拿破仑一世创建的法国著名的圣西尔军校,在录取的221名考生中,戴高乐的成绩并非特别优异,只排在119名。然而,当四年后从圣西尔军校毕业时,戴高乐的总分已排在全校第13名了。

我们从戴高乐的求学之路可以看出,早年的教会学校使他很早就接受了严格的纪律、责任、服务、道德、仁爱、献身等天主教教义和法兰西悠久的历史和文化的熏陶,这种纪律和人文相结合的教育使戴高乐比同龄人更早地了解到自己肩负的责任。

此外,戴高乐高考选择上军校而非大多数中产阶级子女选择的巴黎政治学院(以步入法国政界)或巴黎高等商学院(以进入法国商界),说明戴高乐与当时许多法国青年有着不一样的人生志向。

戴高乐认为,选择军校就是选择报效祖国,选择用一生的灵与肉捍卫法兰西的独立和自由。

戴高乐在其回忆录中写道,当他向全家通报自己决定报考圣西尔军校时,父亲亨利表示这是一个崇高的决定,妈妈也同样认为男儿就应该当兵。姐姐们也都认为这是男人应该做的事,非常正常。

---

① 斯坦尼斯拉斯学校(collège Stanislas),1804年由法国天主教神父创建,是巴黎一所著名的天主教学校。1905年,法国"政教分离法"实施后,一些校友自发成立了一家公司赎买学校地产并聘请优秀教员教学,从而使这所教会学校变成了一所私立学校,但学校天主教属性不变。2018年学校幼儿园、小学和中学部共计3 623名学生,其中中学部在法国会考中每年都表现突出,尤其是理科类考试一直居全国之首,故有法国最好的私立学校之称。除戴高乐外,学校还培养了至少50位法国各类科学院院士。

第八章 领导者远见能力的培养

1912年10月9日戴高乐从圣西尔军校毕业时的毕业照

李小超 绘

戴高乐领导力与大变局时代的启示

戴高乐在圣西尔军校求学期间,严格要求自己,各项成绩优异,包括体育。他非常注意体育锻炼,喜欢踢足球,认为身体健康是事业的基础。但相比之下,他更喜欢击剑,原因是击剑是法国的一种传统项目,也是他原来就读斯坦尼斯拉斯中学的一个传统项目,如在他的中学老师中就有很多人是国家级的击剑大师,甚至是世界冠军。而且戴高乐身材高大,手臂特别长,因此他觉得他更擅长击剑。

第二节 人文修养

欧洲中世纪著名的政治学家马基雅维利说过,"要预见未来,就必须知道过去,因为这个世界的事件始终与前一个时代联系在一起。由具有相同激情的人所创造的这些事件,它们必须具有相同的结果"。

美国总统本杰明·富兰克林说,"一旦你死了遗体又腐烂了,如果你不想被世人遗忘,那么,最好的方法要么就是你现在写下值得世人阅读的东西,要么是做一些值得世人去写的东西"。

无论是马基雅维利,还是富兰克林总统,他们强调的都是开卷有益,从书本中了解历史和各种人文知识的重要意义。需要指出的是,如同富兰克林总统所言,戴高乐不仅给后人留下了轰轰烈烈的事业,也留下了著作等身的文字作品,而我们读戴高乐的著作或听他的演讲,都会深刻地感受到人文修养对戴高乐成为领袖人物的重要作用。

一、重视通识学习

戴高乐在《建立一支职业化军队》一书中写道,"真正培养领导者的方法是通识文化的学习。通过它，人们可以有条不紊地进行思考，从事物本身分辨出事物的本质和枝节部分，感知其延伸和相互影响。总之，可以上升到某种程度，在呈现总体的同时并不会对细节部分产生偏见，而不是一位对人类精神遗产没有品位和感觉的古板的船长。因此，在亚历山大的每次胜利中我们总能找到亚里士多德的影子"。①

戴高乐重视"通识"学习，特别是对法国历史的学习，他很早就明白，要懂得法国的未来就必须了解法国的过去。因此，他博览群书，对法国历史人物耳熟能详，在与儿子菲利普的交流中，经常就法国特定的历史事件或人物作出他的评价。

菲利普在《我的父亲戴高乐》一书中回忆道，在他年轻的时候，戴高乐曾经送给他很多关于法王弗朗索瓦一世、亨利四世、路易十四和拿破仑的书籍与画册，并经常与他交谈对法国某些作家和作品的看法。

戴高乐认为，一个领导者必须"上知天文，下知地理"，必须对社会生活的各个方面有所了解，这样才能更好地为国家服务。

戴高乐一生作为领导者的实践同样证明，无论在战争期间沙场点兵、"二战"胜利以后与英美纵横捭阖的外交博弈，还是战后法国经济重建，其渊博的知识都使他始终镇定自如地驾驶法兰西"民族复兴号"航船向前。

由此我们看到，通识教育，特别是渊源深厚的法兰西历史文化滋养了戴高乐，使其人生旅途中总有一种定力，一种勇往直前的力量。

---

① Charles de Gaulle.Vers l'armée de métier [M].Paris:Presses pocket　Saint-Amand,1963.

二、酷爱法国文学

戴高乐酷爱法国文学，青少年时期就显露出其文学才华，18岁时就开始发表诗歌和短篇小说。

1908年，18岁的戴高乐以戴卢格（Charles de Lugale）的笔名发表了一首题目为《天赋的诞生》的诗。诗歌摘录如下。

> 当我不得不死时
> 我希望是
> 战死在疆场上
> 当人们抱着他的遗体时
> 灵魂仍然笼罩着
> 战场上令人陶醉的骚动
> 和拼杀之中粗犷的呻吟
> 男儿的吼叫和利剑的寒光

从诗句中我们看到一个热血报国青年是如何用优美的语言来描述战场杀敌时的英雄气概的。

作为军事家、政治家的戴高乐，在他的各种演讲中，他都非常重视语言表达，字斟句酌，语言优美、精准，富有冲击力。如在1941年圣诞节之夜，这个法兰西民族历史上最黑暗的夜晚，他送给法国孩子的圣诞祝福语却是如此优美。

曾经有一个国家，她叫法兰西！你们知道吗，所有世界各民族都是贵妇人，她们或多或少都美丽、善良和勇敢。然而，在世界各民族中,没有哪个民族比法兰西圣母更美丽、更勇敢。亲爱的法国孩子们,你们将很快遇到这个美丽的圣母,这个胜利女神的到来。啊!你们到时会发现她究竟有多美丽!

在描述 1944 年 8 月 26 日数百万巴黎市民迎接戴高乐凯旋的香榭丽舍大街解放游行时,戴高乐在《战争回忆录》中又同样以诗人的语言描述了这种幸福与激动。

啊!这分明就是人的海洋,让我远远看不到边,像一股汹涌澎湃的巨浪,在阳光下,在三色旗下。

戴高乐一生戎马生涯,复杂、残酷的政治和军事斗争占据了他大部分的时间,但他笔耕不辍,没有一天不动笔,其随身的一个小本子记载着各种心得和灵感,并成为其各种讲话稿和日后回忆录的宝贵素材。

1958 年戴高乐复出,作为总统,他日理万机,但工作再忙他仍坚持每周至少看三本书。

戴高乐博览群书,对读书如饥似渴,他甚至对其身边的幕僚感言,如果不是从政,他最大的愿望就是当一名图书馆管理员,因为这是世界上"最美丽的职业"。

法国大作家雨果曾经说过,"读书就如同一个人的吃喝。一个人不读书好比一个人不吃不喝,会消瘦下来"。戴高乐就是这样的人,读书是他的一种生命需要。

戴高乐不仅嗜书如命,也一生勤于笔耕,可谓著作等身,其中《敌人内部的倾轧》《剑锋》《建立一支职业化军队》《法国和她的军队》等成为法国军事史上的经典著作,《剑锋》同时也是法国和世界领导力学的经典著作,至于《战争回忆录》和《希望回忆录》这两部鸿篇巨制,不仅史学价值高,文学价值也非同一般。

2000年,《战争回忆录》被法国著名的"七星社图书馆"收录为法国文学名著。2010年又被选入法国中学生课本。

由于戴高乐丰厚的文学修养及创造的优美文字,他数度被邀请加入享誉世界的法兰西学术院。也有人向诺贝尔委员会建议授予戴高乐诺贝尔文学奖。在法国,有人甚至认为戴高乐是继巴雷斯和佩吉后的法国"最后一位伟大的作家"。

事实上,戴高乐也承认巴雷斯和佩吉对他的影响。戴高乐曾向佩里菲特谈到佩吉文学作品对他人生道路所产生的巨大影响。在光辉灿烂的法国文学中,戴高乐同样喜爱莫里哀、拉辛、雨果、巴尔扎克、福楼拜、左拉、普鲁斯特等法国作家的著作,甚至对有些作品反复阅读并能大段吟诵。戴高乐尤其喜爱夏多布里昂[①],他甚至用"着迷"来形容。在其《战争回忆录》中,戴高乐的写作风格也明显受夏多布里昂的影响。

戴高乐爱读书,爱写作,热爱法国文学,也非常尊重法国作家,喜欢与他们交朋友。

1944年8月底,巴黎刚刚解放的第一周,作家莫里亚克提出会见戴高乐。戴高乐百忙中抽空与他共进午餐,听取其有关法国文学和法国文化对法国战后重建的作用和建议。戴高乐事后对菲利普说,他工

---

① 弗朗索瓦-勒内·德·夏多布里昂(François-René de Chateaubriand,1768—1848),法国作家、政治家和外交家,法兰西学院院士。拿破仑帝国时期曾任驻罗马使馆秘书,波旁王朝复辟后成为贵族院议员,先后担任驻瑞典和德国的外交官及驻英国大使,1823年担任外交大臣,著有小说《阿拉达》《勒内》《基督教真谛》和长篇自传《墓畔回忆录》等,是法国早期浪漫主义的代表作家。

作再忙也要见这些作家，因为法国人民酷爱文学，这些大作家的影响力大，与他们交朋友，调动他们的积极性，对法兰西民族的复兴意义重大。

一个出色的领导者首先应该是一个热爱读书、有文学修养的人，不仅如此，领导者还需要懂得调动更多的有文学修养的人与他一起传播和分享远见。戴高乐认为，有文学修养的人，特别是那些大作家们是社会的风向标和良心，是社会进步的呵护者和伟大远见的传播者，作为领导者必须与他们交朋友，赢得他们的支持和理解。

第三节　强大的学习能力

通用电气总裁杰克·韦尔奇说过，"一个企业的学习能力和将快速学习的能力转化为行动是企业竞争比较优势中的第一要素"。

戴高乐的一生就是这样持之以恒，不断进取的一生。

一、努力学习德语

作为19世纪末出生的法国人，特别是对于戴高乐这样在普法战争法国惨败后出生的一代人，学习德语这样的"敌人"语言并不是什么好奇心或乐趣，而是洗刷民族耻辱的需要，是更好地了解"敌人"和最终战胜"敌人"的需要。

普鲁士实行强兵和义务教育的国策，加上极其重视工业生产，短短数十年时间从被拿破仑一世军事占领的法国属地到反过来碾压拿破仑三世，并在赫赫有名的法国皇宫凡尔赛宫镜厅里宣布德国的统一和

戴高乐领导力 与 大变局时代的 启示

德意志帝国的诞生,这使戴高乐清楚地认识到,光恨德国人是没用的,法国需要向德国人学习的地方太多了,而学习德国需要熟练地掌握德语。

因此,戴高乐在上中学和在圣西尔军校上大学时选择的外语都是德语,他学习努力,进步很快。然而,"一战"的炮火使他课堂上的德语学习变成了在战场上与德军这个世仇的兵戎相见。

戴高乐在"一战"中表现英勇,他带着为法国洗刷普法战争耻辱的强大决心,参加了在比利时的迪南之战、在法国本土的香槟和凡尔登两场残酷的战役。

1916年3月2日,戴高乐所在的部队在凡尔登战役中不幸失利,他本人由于脱围不及被德军的刺刀刺伤左腿,后沦为德军俘虏。

在被德军囚禁期间,戴高乐并没有灰心丧气,相反,他利用在德国监狱囚禁的这段时间坚持学习德语,给难友们读德语报纸,给他们讲述军事理论。1918年11月11日德法签署停战协定,戴高乐得以从战俘营回到法国,他在德国监狱里生活了两年零8个月的时间,他以铁一般的意志要求自己,在长时间囚禁的苦难和枯燥生活中努力学习和提高自己的德语水平。

戴高乐在铁窗生涯期间德语得到迅速提高。需要指出的是,"二战"后,戴高乐的高水平德语对法德修好发挥了重要的作用。

首先,戴高乐邀请联邦德国总理阿登纳来科隆贝他的家中做客,他们就像一对久别重逢的故友无拘无束地用德语进行交流。法德终于化干戈为玉帛,从此翻开了法德关系和欧洲建设的新篇章。

其次,掌握德语使戴高乐可以直接与德国人民交流,而这对于刚刚结束敌对状态的两个民族建立互信关系是至关重要的。

1962年9月4日至9日,戴高乐对联邦德国进行历史性访问并发表了12次公开演讲,其中6次用的是德语。

在杜伊斯堡,他向蒂森钢铁厂的工人发表演讲;在汉堡,他向德国军队发表演讲;在路德维希堡,他向近千名德国大学生演讲。他用德语称德国青年为"一个伟大民族的儿女",积极肯定了德国民族"为人类贡献了丰富的精神、科学、艺术和哲学瑰宝,以无数的发明创造和技术劳动成果改变了世界"。

戴高乐这个讲话非常有名,史称"路德维希堡市演讲",其拉开了法德年轻人世代友好的序幕。戴高乐的德语翻译库斯特事后回忆道,戴高乐用一种非常文学化的德语与德国各界交流。德国前外长菲舍尔也回忆道,他就是当年的学生听众之一,戴高乐的演讲使他终生致力于德法友好事业。当戴高乐在路德维希堡演讲结束时,约50万德国人涌上街道,目送戴高乐回法国。

从戴高乐学习德语的故事中我们可以看出,领导人的外语能力有时能对民族间的理解与交流起到至关重要的作用。

二、努力学习金融知识

1958年戴高乐复出后,为治理法国严重的通货膨胀问题,他专门向专家请教相关解决办法,并成立了由财政专家鲁夫牵头的专家委员会,以配合财政部部长比内。

戴高乐的经济顾问格兹[①]在其回忆录中写道,戴高乐非常谦虚,不

[①] 罗杰·格兹(Roger Goetze, 1912—2004),法国财政部稽查员,1942年担任法国驻阿尔及利亚财务总监,1944年9月担任戴高乐政府财政部长孟戴斯的幕僚长,1949年至1956年担任政府预算局局长,1958年6月至1959年1月担任戴高乐总统经济事务技术顾问。

耻下问，经常向助手们请教各种问题，但他问的问题并不是什么理论，而是一些实际操作问题。

格兹表示，戴高乐非常务实，善于从常识中领悟经济学的原理，他丰富的常识使他能够很快理解许多经济原理，尽管有时他的推理像"农民一样"。

格兹回忆道，由于鲁夫提出的法郎贬值一揽子方案涉及停止对"一战"老兵发放抚恤金、取消社保中的一些小项目的报销和停止农产品价格与通货膨胀的指数化，内阁中有许多人因为党派利益的原因对此坚决反对，甚至不惜以退出政府要挟戴高乐。在此情况下，鲁夫计划中的一些措施极有可能被削弱或干脆取消。

但财政部部长比内表示，货币改革要想取得成功就必须保留原计划，如果采取折中方案，他认为成功的可能性就会大打折扣。因此，他决定提出辞职。

闻讯后，格兹紧急报告戴高乐，并明确表示比内是对的，要推出这样的货币贬值计划，政府必须削减支出，奉行紧缩政策，否则难以取信市场。

戴高乐当即表示同意格兹的意见，并再次询问格兹此方案以经济学角度看是否站得住脚。

戴高乐说："在政治决策中总有 1/3 的风险或不可预见性，但我需要您告诉我，从您的专业角度看，此计划是否有 2/3 的机会获得成功？"

戴高乐说，他可以承担 1/3 的不可预见性风险，但专业领域必须要有专业人员得出结论。"请您在明天内阁会议上如实告诉我，如果是，我就接受这一方案"，戴高乐把底牌如实告诉了格兹。

第二天，戴高乐在内阁会议上盛赞比内的法郎贬值方案及其治理法国财政赤字问题的清晰思路，并明确告诉各位部长他将比内方案看作自己的方案，并将以个人的名义向法国人民予以说明。

"各位部长，请大家要么接受此方案，要么选择离开政府"，戴高乐明确向各位部长下达最后通牒。

就这样，备受争议的鲁夫—比内计划在内阁会议上通过了，此货币改革方案获得巨大成功，为战后法国稳定国家财政、货币汇率，对外贸易和总体国民经济的健康发展打下了良好的基础。

戴高乐的学习能力和政治家的担当无疑发挥了重要的作用。为此，格兹认为，这个计划不应该叫鲁夫—比内计划，准确地说应该叫"戴高乐计划"。

三、努力学习民用核电知识

1945年10月18日，戴高乐以临时政府首脑的名义宣布创建法国"原子能源署"（CEA），这是最初法国政府发展核武器和核能工业的最高科研和政治决策咨询机构。

1958年，戴高乐复出后，他将发展独立的法国核打击力量作为法国独立的防务政策的支柱。他顶住美国的压力，在国家财政非常困难的时期积极发展核武器研究。1960年法国第一颗原子弹爆炸成功，1961年法国第一架幻影Ⅳ战略轰炸机可以携带法国制造的原子弹，1966年戴高乐宣布退出北约军事一体化组织，从而进一步强化法国独立的防务政策，并为此建立起了一支由陆基导弹、潜艇导弹和飞机携带的核导弹所组成的三位一体的独立核力量。

然而，在戴高乐当选第五共和国总统前，甚至包括他成为国家元首后，法国社会一直存在着对法国发展原子能的两种不同的观点，一种来自戴高乐所创建的法国原子能署，他们主张发展法国军民两用核工业，另一种以法国电力公司（EDF）为代表，他们主张发展纯粹的民用核能。

在法国拥有独立的核打击力量后，戴高乐坚信要让法国的核打击力量在世界上拥有充分的可信度，就必须不断地对这些核武器进行现代化改进。因此，摆在戴高乐面前的问题是法国要不要同时发展民用核能，因为在很多人眼中，在国家财政有限的情况下，法国只能将所有的资金用于建立一支独立的核打击力量，也就是说法国全国的核工业只能是为了军事目的，而非民用。

但戴高乐同时也清醒地意识到，要确保法国核打击力量的现代化，就需要拥有强大的核工业基础，而这样的核工业基础的培育和发展必须引入民用核电，运用市场机制以民用核能养军事核能，从而形成一种良性的供血机制。

1967年，法国原子能署和法国电力公司给戴高乐提供了两种不同的发展民用核电能的建议方案，前者要确保法国的核能独立，需要使用天然铀石墨气技术；而法国电力公司专家认为，法国完全可以从美国西屋公司引进轻水压水堆技术，这样至少可以降低20%的生产成本。

戴高乐听从法国电力公司专家的建议，实事求是而非"逢美必反"，决定于1959年在法国与比利时接壤的边境小城绍兹，通过法国电力公司下属核能开发公司法马通（Framatom）引进美国西屋公司上述技术，建立了绍兹A座核发电站。

该电站 1967 年进入商业运营，它使法国电力公司节省了相关民用核电的开发和时间成本，并很快推动了法国民用核电事业的发展，核电也随之成为法国电力的主要来源。在世界工业化国家中，法国的民用核电比例最高，在 2003 年一度高达 74.5%。

法国的民用核电不仅使法国电力自给自足，还能将多余的电力出口到德国、比利时等周边国家。2019 年法国电力公司的营业额为 713 亿欧元，利润为 39 亿欧元，其中核电站发挥了重要的作用，法国的核技术在安全性和先进性上也居世界领先地位，并与世界许多国家开展相关的民用核能合作，如 20 世纪 80 年代为中国的大亚湾核电站提供了技术支持。

我们看到，法国民用核能工业或法国电力公司之所以能有今天的亮丽业绩，首先受益于"二战"结束后在戴高乐支持下由法国原子能署所开启的法国核工业建设，其次是 1958 年戴高乐出任第五共和国首任总统后大力发展法国的独立核武器和法国民用核电事业。法国民用核电的发展不仅确保了法国的能源独立，还反哺了法国独立的核威慑防务体系。

四、灵活务实，"洋为法用"

1960 年 3 月，苏联部长会议主席赫鲁晓夫访问法国，戴高乐和夫人亲自到奥利机场迎接，并发表了热情洋溢的欢迎词。赫鲁晓夫在法国期间，戴高乐与其多次举行会谈，强调法苏友谊。

佩雷菲特在《这就是戴高乐》一书中专门提到了这次访问，并提到了戴高乐问赫鲁晓夫的问题："您整天打猎钓鱼，非常潇洒，不知您是否还有时间工作？"

戴高乐领导力与大变局时代的启示

赫鲁晓夫听完戴高乐的问题后非常自豪地回答道,"我不用工作,因为所有的工作都在我们国民经济发展规划中确定好了,只要部长们落实就好了,他们也只有遇到问题时才找我"。

戴高乐对佩雷菲特非常感慨地说,"苏联的计划经济有值得法国学习的地方。一个国家没有计划怎么发展?不要因为苏联是社会主义,我们就排斥,要懂得学习任何国家的长处"。

关于国家对经济生活的规划与指导方面,戴高乐在1946年作为临时政府首脑时就创建了"法国经济计划署",直接隶属于总理府。1958年戴高乐第二次复出后,他对计划工作更加重视。

与赫鲁晓夫的对话使戴高乐意识到,法国政府必须更强有力地干预经济,从而使法国经济有序发展,并在市场不关注的领域提升法国工业的竞争力。

佩雷菲特回忆道,在内阁会议上,戴高乐曾批评法国进口的石油中只有5%是法国自己提炼的。在墨西哥工业展览中,居然没有一家法国企业参加。这两件事让戴高乐确信,市场是无法调节国家利益的。

因此,在戴高乐的领导下,法国加大了国家对石油开采和提炼的投入,使法国也拥有了具有国际竞争力的石油公司。一大批法国企业在政府的指导下,走出国门,向世界展示了法国的工业实力,并与其他国家和地区广泛展开合作。

在戴高乐任职期间,法国实施了第三个和第四个四年计划,国民经济全面提速,最高增速达到6.7%,在发达国家中仅次于日本。航空航天、原子能、生物技术等一大批产业凌空而起,科研在国家公共支出中的占比达6%以上,法国由此诞生了一大批国家级的实验室,工业制造在 GDP 中的占比甚至高达 38%。所有这些成绩的取得自然与戴高乐学习能力有关，其中就包括向苏联学习计划经济的有效方法。

第四节　选择正确的时间、正确的地点与正确的人

美国著名的彭博财经电视台创始人、前纽约市长迈克尔·布隆伯格说过，"经过艰苦的努力，最大的决定因素取决于你是否面临正确的时间和站在正确的位置上"。

回顾戴高乐的成长过程，他集"天时、地利、人和"于一身，不仅在正确的时间、正确的地点与正确的人在一起，而且他本人也作出了一生中最重要的正确决定。

如同尼克松在《领导者》一书中谈到戴高乐时所感慨的那样，是伟大的国家和伟大的时代产生了伟大的领袖。戴高乐生于国难深重的时代，成长于兵荒马乱之际，艰难时世召唤他为祖国的命运去担当。在这样的激荡岁月中，幸运的是戴高乐总是站在历史正确的一方。

早在"二战"爆发前，戴高乐就积极发表文章，著书立说，主张法国的强军路线，并为建立一支法国的职业军和坦克部队而四处奔走。年轻的军人戴高乐因此引起法国政界和舆论界的重视，如戴高乐提出的进攻性军事战略和建立一支 10 万人的职业化坦克部队等新颖的军事战略思想很早就引起左翼联盟国会议员雷诺的重视，当后者在 1940 年 3 月 22 日被勒布伦总统任命为内阁总理并被委托组建新政府时，身为总理并兼任战争部长的雷诺马上想到了戴高乐，并邀请戴高乐作为其

副手入阁担任战争部副国务秘书。

因此，如果没有雷诺，就没有戴高乐的政治生涯。在一定意义上，雷诺就是戴高乐成为法兰西民族救世主的"助产婆"。

当然，历史有趣的一面是，如果当时雷诺能够像戴高乐那样坚定不移地抗战，也许法兰西民族英雄就是雷诺总理，而非戴高乐将军。

雷诺由于各种原因没有戴高乐那样的胆识，在法兰西民族生死存亡之际，他没能举起抗战大旗流亡伦敦或北非组建法国流亡政府，但他给戴高乐的抵抗运动提供了10万法郎的抗战经费，这对戴高乐无论是道义还是经济上的帮助都是巨大的。

雷诺的举动让戴高乐感动，这使戴高乐感到他并不孤独，只是个人选择不同罢了。雷诺患得患失，这是他性格的缺陷，但在对待抵抗事业的必要性问题上他与戴高乐的看法是高度一致的。

同样，如果历史没有选择丘吉尔，而是选择了主张绥靖政策的张伯伦继续执政并与德国媾和，戴高乐即使在伦敦举起抗击德国侵略的义旗，也发挥不了什么作用。如此，也就不存在戴高乐乘坐丘吉尔提供的专机，在贝当政府宣布向德国无条件投降的当天只身飞往伦敦。

没有丘吉尔的坚定支持，戴高乐就不能在伦敦立足，更不用说开展其荡气回肠的史诗般的抵抗运动。在四年艰苦的抵抗运动中，丘吉尔给予了戴高乐从财政到政治和军事的全方位帮助。因此，如同戴高乐在回忆录中亲口说的那样，丘吉尔是"法国的朋友"。

当然，在某种意义上人们也可以说，戴高乐最先的成长得益于"一战"英雄贝当元帅。没有贝当元帅当年作为伯乐对戴高乐的成长给予帮助，戴高乐在军中可能只会成为一名普通的军事指挥员，其最高职业生涯就是成为一名将军。这种观点虽有一定道理，但显然没有用发展的眼光看戴高乐远见的力量，如同戴高乐所言，"伟人之所以成为伟人，是其矢志以求的结果"。强烈的使命感终将会驱使戴高乐成为一代伟人。

戴高乐与贝当的决裂是他们两人关于法兰西民族两种前途和命运观念的决裂，戴高乐不愿意做亡国奴，不愿意在纳粹统治下苟延残喘，而要做一个堂堂正正的法国人，他要让自己的祖国成为一个受人尊敬的国家。

戴高乐认为自己是为法兰西而生的，他认为伟大是法国的必然属性，也是他生命意义的全部。为了法兰西民族的伟大，他可以牺牲自己的一切。

当然，戴高乐自己也曾坦言，他从来也没有想到自己有朝一日会成为法国人民的领袖，他觉得自己仕途的顶峰可能是出任国防部部长，一个法国军人最辉煌的职业，这就是为什么戴高乐在退休后更愿意领取法军准将的俸禄，而非共和国总统的丰厚养老金。

戴高乐作为领导者的成长轨迹告诉我们，正确的辨别机遇、抓住机遇和用好机遇需要领导者长期的准备，包括知识、经验和才华的积累，这就是戴高乐为什么一直强调通识教育是最好的培养领导者的教育，以及巴斯德强调机遇偏爱有准备的头脑的原因。

与此同时，戴高乐的成长过程同样告诉我们，伟大既是通识教育学习的结果，也是长期不懈努力的结果，还是小从立志报国的长期思想准备和丰富的历史文化知识相互作用和造就的结果，更是"有性格的人"的一种非我莫属的责任担当的结果。

讨论 | 领导者远见能力的培养

我们谈戴高乐领导力的远见能力培养，就是要从一代伟人戴高乐成长轨迹中找到一些领导者成长的共性，并从这种共性中发现那些有助于我们成为优秀领导者的有益养分。

从戴高乐的领导者远见培养的过程中我们看到，任何领导者都是后天造就的，是"有志者事竟成"的过程，这也是为什么戴高乐总是强调伟人是因为他们渴望伟大而成为伟人的原因。

因此，从小立志、努力学习并用渊博的知识武装自己，提升自身思想的深度和文化感染力，在正确的时间、地点与正确的人站在一起，是追随者成为领导者的必由之路。

案例

张瑞敏远见能力的培养

海尔集团总裁张瑞敏无疑是中国企业家中非常有特色的一位。他出身蓝领工人，35岁时接任青岛电冰箱总厂厂长。他通过怒砸76台质量不合格的电冰箱开启了中国制造质量化管理的先河，并由此创建了全球白电第一品牌海尔，开启了中国家电品牌国际化的道路。

海尔的质量管理案例是哈佛大学商学院收录的第一家中国企业案例，张瑞敏本人也是第一位登上哈佛讲坛的中国企业家。2005年，英国《金融时报》评选张瑞敏为"全球 50 位最受尊敬的商业领袖",这也是中国企业家第一次榜上有名。

张瑞敏从工人到世界杰出的 CEO 的人生轨迹证明,企业领导者也是后天造就的。

一、强大的学习能力

张瑞敏从一位蓝领工人成长为一名世界著名企业的领导者,他的成功不仅源自有志者事竟成的毅力,也是他强大的学习能力使然。

1. 向生产实践学习

当年海尔从德国利勃海尔引进冰箱生产线,张瑞敏亲自带队到德国接受培训,他如饥似渴,连续十几天不断向德国培训师和一线工人学习,有一种不把冰箱生产技能吃透决不回国的劲头,而当时同时参加培训的另外两家中国企业的同行则觉得德国技术很简单,学了两天就游山玩水去了。后来这两家公司一家关门,另一家被海尔兼并。

2. 向书本学习

张瑞敏喜欢读书,平均一周读两本以上,一年读一百多本。

他通过读书撷取世界各国的先进管理经验,再从这些经验中找到海尔的不足之处,如彼得·德鲁克、凯文·凯利、丹娜·左哈尔等管理大师的著作对海尔今天的管理均产生了深远的影响。张瑞敏说他的读书是实用主义的,也就是说是带着问题读书,认为读书要"八二开",也就是说书的 20% 是核心,80% 是铺垫,只要抓住 20%,书就算没白读。

3. 向管理大师当面学习

张瑞敏喜欢利用各种场合向世界管理大师请教,也喜欢与大师们交流儒学和道学对中国管理文化的影响,使双方得以站在更高的角度看当今企业管理的问题和方向,从而有了《海尔是海》这样宝贵的管理心得。

二、使海尔成为一家学习型企业

海尔从20世纪80年代一家濒临破产的电冰箱厂发展到今天世界白电第一品牌,是张瑞敏打造海尔"学习型企业"管理思想的成功。

1. 砸次品

张瑞敏带头砸毁76台瑕疵冰箱的故事在中国家喻户晓,但这个故事在当年却是一次革命,因为一台冰箱的价值是一个工人两年的工资,难怪有的员工看到冰箱变成废铁时都哭了,但这历史性的一锤砸出了海尔蜚声中外的声誉。

2. 产品质量对标德国

张瑞敏认为,海尔要打造世界品牌,必须得到欧美相关权威机构的质量认证,而对质量最重要的认证莫过于德国VDE-QTM质量认证。为此,海尔在20世纪90年代初一方面把海尔冰箱引入德国市场,接受德国消费者的检验,另一方面主动申请VDE-QTM质量认证。通过一年的努力,海尔终于获得了VDE-QTM认证,并同时成为全球唯一获得VDE-QTM认证的冰箱。

3. 国际化市场拓展选择美国

在德国申请质量认证的同时,张瑞敏布局海尔国际化,并将市场拓展的重点放在美国,而非许多专家提出的东南亚国家。张瑞敏认为,美国是世界最大的经济体,美国消费者富裕但挑剔,如果能征服美国市场,那么海尔就可以征服全世界。1999年4月,张瑞敏投资3 000万美元在美国南卡罗来纳州建立了美国海尔工业园。建厂三年后,海尔在美国的年销售额提高到 2.5 亿美元,增长了 8 倍,其中冰箱销售量突破 100 万台,占美国市场份额的 11%,列第五位;冷柜份额占 9%,列第三位;空调份额占 12%,列第三位。

海尔智家 2020 年的年报显示,面对新冠疫情的挑战,海尔在美国市场坚持以用户为中心,在品牌高端化、供应链精细化和全渠道整合方面作出了不懈的努力,实现了史上最好的业绩表现。北美销售收入增长 10%,达到 637 亿美元,其中高端品牌增长 30% 以上。

4. 提出"人单合一"

2005 年,面临互联网时代"零距离""去中心化""去中介化"的趋势,张瑞敏首次提出"人单合一"的新管理思想,认为海尔需要从互联网时代的企业、员工和用户三个维度重新定义企业的管理思想,即以互联网"零距离"的特点从原来的以企业为中心转变为以用户为中心,从大规模制造变成大规模定制;以互联网带来的"去中心化"把员工的领导从过去的上级变成用户,从而颠覆了内部科层制的传统管理制度;以互联网带来的"去中介化"使资源直接来自全球,从海尔研发部变成"世界就是我的研发部"。

张瑞敏认为,"人单合一"就是员工和用户合一,每个员工都是 CEO,是创客,他们通过为用户创造价值来实现自身价值。"人单合一"使海尔企业平台化、用户个性化和员工创客化。

三、在不确定的时代做确定的事

海尔创业 30 多年,在市场风云巨变中立于不败的原因是张瑞敏在不确定的时代做确定事情的定力。这种定力体现在海尔三次管理思想大颠覆上。

1. 砸冰箱

这事我们都知道了,用张瑞敏的话说就是通过砸冰箱来砸掉员工对质量问题的麻痹思想,属于一种思想革命。

2. 砸组织

张瑞敏在 2005 年提出"人单合一"的管理思想,为的是让海尔更好地适应互联网时代世界制造业的新趋势。通过砸组织,企业的科层制取消了,1.2 万多名中层管理人员或离岗或创业,这是海尔的第二次革命,是组织系统的革命。

3. 砸标签

这是张瑞敏提出的最新口号,核心是将海尔这一传统制造业中的高端白色家电品牌转为互联网时代的高端生态品牌,是海尔 2.0 版,是海尔生命的重塑与再造,而这种革命较之以前的革命将更为深刻,将决定在整个互联网时代海尔的生态圈及其方兴未艾的品牌生命力。

海尔张瑞敏的故事告诉我们,任何伟大的企业家都是后天造就的,而造就他们的根本原因是源于他们生命深处的努力与渴望。

参考文献

［1］ Charles de Gaulle. Le fil de l'épée［M］. Paris:Edition Perrin, 2015.

［2］ Charles de Gaulle.Vers l'armée de métier［M］.Paris:Presses pocket Saint-Amand, 1963.

［3］ 夏尔·戴高乐. 希望回忆录［M］.希望回忆录翻译组，译.北京：中国人民大学出版社，2005.

［4］ 夏尔·戴高乐. 战争回忆录［M］.陈焕章，译.北京：中国人民大学出版社，2015.

［5］ 理查德·尼克松. 领袖们［M］.施燕华，洪雪因，黄钟青，译.海口：海南出版社，2008.

［6］ Alain Peyrefitte. C'était de Gaulle［M］.Paris: Gallimard, 2002.

［7］ Philippe de Gaulle, Michel Tauriac. De Gaulle, Mon Père［M］.Paris: Plon, 2014.

［8］ Jean pierre Guéno. Charles de Gaulle, Une nouvelle république［M］. Paris: Edition Garnier, 2012.

［9］ Bernard Jarrosson. De Gaulle, Leçons de Commandement［M］.Paris: Maxima, 2012.

［10］ Philippe Ratte. De Gaulle et la République［M］. Paris: Odile Jacob, 2018.

[11] Tristan Lecoq, etc. Enseigner De Gaulle[M]. Paris: Canopé Editions, 2018.

[12] Julian Jackson. De Gaulle. Une certaine idée de la France[M]. Paris: Seuil, 2019.

[13] 戴高乐基金会. 告法国人民书 [EB/OL]. https://www.gouvernement.fr/partage/8708-l-appel-du-18-juin-du-general-de-gaulle

[14] 法国影视档案馆. 戴高乐巴黎市政厅演讲 [EB/OL]. https://fresques.ina.fr/de-gaulle/fiche-media/Gaulle00005/la-liberation-de-paris.html

[15] 爱丽舍宫. 中法建交记者招待会 [EB/OL]. https://www.elysee.fr/charles-de-gaulle/1964/01/31/conference-de-presse-du-general-de-gaulle-president-de-la-republique-palais-de-lelysee-paris-le-31-janvier-1964

[16] 戴高乐基金会. 戴高乐1968年5月30日的演讲 [EB/OL]. https://www.charles-de-gaulle.org/lhomme/dossiers-thematiques/mai-1968/documents/allocution-radiodiffusee-du-general-de-gaulle-30-mai-1968-palais-de-lelysee/

后记

漫长的暑热过后,拙作终在金秋问世,委实让人高兴。在感谢北京大学出版社各位老师不懈努力的同时,让人感到唏嘘不已的是,从交稿到出版短短的数月内,世界上居然发生了如此多让人应接不暇的变化。这种变化不仅体现在新冠病毒给人类带来的愈加深重的灾难上,也充分反映在中美两国国家利益的激烈冲撞上。

面临全球性的各种关系的重构所产生的新的国际格局和挑战,中国企业家如何在大变局时代保持自身的定力?如何冷静审视并正确应对"一带一路"等国际化经营活动中出现的变数和问题?如何在部分欧美国家针对中国所掀起的"去全球化"或"逆全球化"潮流中立于不失败之地?无疑,这是中国广大企业家朋友乃至各级管理干部和读者都亟须了解的答案。

北大教授钱理群指出,我们现在所处的世界是一个"无真相、无共识、无确定性的世界",但更可怕的是,我们既不知道造成今天"无真相、无共识、无确定性的世界"的原因,也不知道明天的世界还会发生什么,人们似乎进入了一个黑洞,急切地需要找到问题的答案,需要在这样的大变局时代给予一种启示和崭新的领导力文化。

在如此激荡的历史时刻,抱怨或回避既不是中国企业家的风格,也不是其利益所在,相反,绝大多数企业家朋友们会比历史上任何时候都渴望拥抱全球化，参与全球经济大循环，在国际化道路上不断壮大自身企业的同时践行中华民族的伟大复兴事业。

如此，戴高乐将军的领导力思想不仅显得弥足珍贵，更是中国企业家透过现象看本质、处变不惊，在大变局时代立于国际竞争不败之地的法宝。

愿戴高乐将军的远见及领导力为中国企业家的国际化征程提供一种新的思考和力量。

是为后记。

徐波
于巴黎